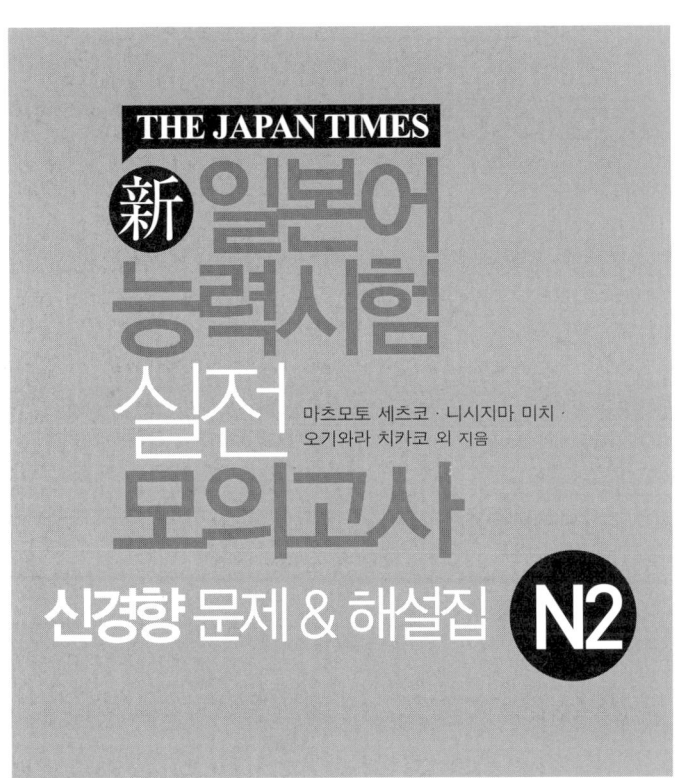

THE JAPAN TIMES

新 일본어
능력시험
실전
모의고사

마츠모토 세츠코 · 니시지마 미치 ·
오기와라 치카코 외 지음

신경향 문제 & 해설집　N2

동양b⦙ks

THE JAPAN TIMES

新 일본어 능력시험 실전 모의고사 N2

초판 1쇄 | 2010년 9월 10일
초판 2쇄 | 2011년 8월 20일

지은이 | 마츠모토 세츠코 · 니시지마 미치 · 오기와라 치카코 외
발행인 | 김태웅
편집 | 김해영
디자인 | 안성민
마케팅 | 조도현, 정상석, 서재욱,
　　　　장영임, 김귀찬, 김철영
제작 | 현대순

발행처 | 동양북스
등록 | 제 10-806호(1993년 4월 3일)
주소 | 서울시 마포구 서교동 463-16호 (121-841)
전화 | (02)337-1737
팩스 | (02)334-6624
웹사이트 | http://www.dongyangbooks.com
　　　　　http://www.dongyangTV.com

[독해문 전재 허가 출판사]
集英社 · 幻冬舍 · 朝日新聞出版 · 日本放送出版協会 · 創作集団にほんご
이 책에 실린 독해문 인용에 대해서는 위 출판사와 저자의 허락을 받았거나 협의 중입니다.

ISBN 978-89-8300-696-7 14730
　　　978-89-8300-694-3 14730(세트)

 # 차례

 # 새로운 일본어능력시험에 대해서

일본어능력시험은 일본어를 모국어로 하지 않는 사람의 일본어능력을 측정하고 인정하는 시험으로서 국제교류기금과 일본국제교육지원협회가 1984년부터 실시하고 있습니다. 2008년에는 전 세계에서 약 56만 명이 응시했습니다.

요즘 일본어능력시험 수험자들의 응시 목적이 실력측정과 함께 취업, 승진 등으로 변화하는 추세에 따라, 국제교류기금과 일본국제교육지원협회에서는 그동안의 일본어교육학이나 테스트이론의 연구 성과와 지금까지 축적된 시험결과의 데이터 등을 이용해 2010년부터 새로이 개정된 일본어능력시험을 실시하기로 했습니다.

* 개정 포인트

1. 레벨이 4단계에서 5단계로 늘어납니다.

레벨을 예전 시험의 4단계(1급, 2급, 3급, 4급)에서 5단계(N1, N2, N3, N4, N5)로 늘립니다. 바뀌는 시험의 레벨과 예전 시험의 급의 대응은 아래와 같습니다.

N1	예전 시험의 1급보다 약간 높은 수준입니다. 합격선은 예전 시험과 거의 같습니다. 폭넓은 장면에서 사용되는 일본어를 거의 이해할 수 있어야 합니다.
N2	예전 시험의 2급과 거의 같은 수준입니다. 일상적인 장면에서 사용되는 일본어의 이해를 넘어서 더 폭넓은 장면에서 사용되는 일본어를 어느 정도 이해할 수 있어야 합니다.
N3	예전 시험의 2급과 3급의 사이의 수준입니다. 일상적인 장면에서 사용되는 일본어를 어느 정도 이해할 수 있어야 합니다.(신설)
N4	예전 시험의 3급과 거의 같은 수준입니다. 기본적인 일본어를 거의 이해할 수 있어야 합니다.
N5	예전 시험의 4급과 거의 같은 수준입니다. 기본적인 일본어를 어느 정도 이해할 수 있어야 합니다.

* 「N」은 「Nihongo(일본어)」, 「New(새롭다)」를 나타냅니다.

2. 합격점 이상만 받으면 합격이었던 기존의 방식과 달리 시험 난이도에 따라 합격점 기준이 변하는 상대평가 방식으로 바뀝니다.

3. 청해의 비중이 기존 25%에서 33.3%로 높아집니다.

4. 과목별 낙제점이 신설되어, 각 과목의 득점 구분에서 기준점 이상을 받아야 합격입니다.

* 시험과목과 시험시간

각 레벨의 시험과목과 시험시간은 아래와 같습니다.

레벨	시험과목(시험시간)		
N1	언어지식(문자, 어휘, 문법), 독해 (110분)		청해 (60분)
N2	언어지식(문자, 어휘, 문법), 독해 (105분)		청해 (50분)
N3	언어지식(문자, 어휘) (30분)	언어지식(문법), 독해 (70분)	청해 (40분)
N4	언어지식(문자, 어휘) (30분)	언어지식(문법), 독해 (60분)	청해 (35분)
N5	언어지식(문자, 어휘) (25분)	언어지식(문법), 독해 (50분)	청해 (30분)

* 시험시간은 변경되는 경우가 있습니다. 또 청해는 시험문제 녹음의 길이에 따라 시험시간이 다소 바뀝니다.

N1과 N2의 시험과목은 ①언어지식(문자, 어휘, 문법), 독해, ②청해의 두 과목입니다. N3, N4, N5의 시험과목은 ①언어지식(문자, 어휘), ②언어지식(문법), 독해, ③청해의 세 과목입니다.

* 시험결과

(1) 시험결과의 표시

각 레벨의 득점 구분과 득점의 범위는 아래와 같습니다.

레벨	득점구분	득점범위
N1	언어지식(문자, 어휘, 문법)	0~60
	독해	0~60
	청해	0~60
	종합득점	0~180
N2	언어지식(문자, 어휘, 문법)	0~60
	독해	0~60
	청해	0~60
	종합득점	0~180
N3	언어지식(문자, 어휘, 문법)	0~60
	독해	0~60
	청해	0~60
	종합득점	0~180
N4	언어지식(문자, 어휘, 문법), 독해	0~120
	청해	0~60
	종합득점	0~180
N5	언어지식(문자, 어휘, 문법), 독해	0~120
	청해	0~60
	종합득점	0~180

N1, N2, N3의 득점 구분은 ①언어지식(문자, 어휘, 문법), ②독해, ③청해의 3구분입니다.

N4, N5의 득점 구분은 ①언어지식(문자, 어휘, 문법), 독해, ②청해의 2구분입니다.

* 자주 하는 질문

Q1 시험은 1년에 몇 번 실시됩니까?

A1 「N4, N5」는 12월에만, 「N1, N2, N3」는 7월과 12월 두 번입니다. 다만, 해외에서는 7월 시험을 실시하지 않는 나라나 지역이 있습니다. 자세한 것은 국제교류기금의 웹사이트(www.jlpt.jp)에 게재합니다.

Q2 시험일은 정해져 있습니까?

A2 7월과 12월의 첫째주 일요일에 실시합니다.

Q3 향후, 시험 정보는 어디서 알 수 있습니까?

A3 일본어능력시험 웹사이트에서 수시로 갱신하기 때문에 www.jlpt.or.kr에 게재되는 내용을 참조해 주세요.

* 일본어능력시험 관할 지역

서울권(경기 · 대전 · 강원 · 충청 · 호남) : 일본어능력시험 서울 실시위원회
(02-723-8487)

부산권(영남 · 대구 · 울산) : (사) 부산 한일문화교류협회
(051-465-7323)

제주권 : 제주도 한일친선협회(064-757-2164~6)

新 일본어능력시험
문제 분석과 학습법

1
장

새로운 일본어능력시험에서는 급수에 따라 출제되는 내용이 조금씩 다릅니다. 여기에서는 분야별로 모든 시험과목을 다루어 그 문제형식을 분석하여 어떻게 공부하면 좋을지 소개합니다.

(집필:호시노 케이코(다쿠쇼쿠대학 일본어교육연구소 강사))

I 문자 · 어휘
한자 읽기

◆문제의 초점

한자로 쓰여진 단어의 읽는 법을 묻는다.

어떤 문제가 출제될까?

한자를 읽는 방법에는 음독과 훈독이 있는데 많은 한자들이 두 가지 방식으로 읽혀집니다. 훈독하는 것은, 한자가 하나밖에 없는 단어나 히라가나와 함께 만들어진 단어일 경우에 많고, 음독하는 것은 한자가 둘 이상인 단어일 경우에 많습니다. 하지만, 음독, 훈독도 읽는 법이 여러 가지인 한자도 적지 않습니다.

시험문제에서는 한자의 읽는 법을 히라가나 표기로 선택하기 때문에, 히라가나로 어떻게 쓰는지를 정확히 알고 있어야 합니다. 특히 주의해야 할 것은, 장음과 단음[*1], 청음과 탁음[*2], 촉음(작은 「tsu」)으로의 변화[*3]로, 이러한 것들은 틀리기 쉬우므로 시험문제에 자주 출제되는 포인트입니다.

[*1] 장음 : 登場(とうじょう) / 단음 : 登山(とざん)

[*2] 청음 : 通り(とおり) / 탁음 : 大通り(おおどおり)

[*3] 発明(はつめい) → 촉음 : 発表(はっぴょう)

N3   (『가이드북』 문제예 問題1 ①)

_____のことばの読み方として最もよいものを、1・2・3・4から一つえらびなさい。

山本さんはクラスの代表に選ばれた。

　　　1　たいひょう　　　2　だいひょ　　　3　だいひょう　　　4　たいひょ

학습 포인트

한자를 읽는 방법에는 예외가 많고 불규칙한 변화도 일어납니다. 그래서 귀로 듣고 외우는 것만으로는 히라가나를 바르게 쓰는 법을 정확히 외울 수 없습니다. 시험 문제에서 정답을 찾기 위해서는 히라가나로 읽는 방법을 외우도록 합니다. 또, 각 한자의 읽는 방법뿐만 아니라, 각 단어의 읽는 방법을 외우는 것도 중요한 포인트입니다. 이것은 한자 읽는 방법과 어휘 공부를 동시에 할 수 있는 효과적인 학습법입니다.

연습문제

_____の言葉の読み方として最もよいものを、1・2・3・4から一つ選びなさい。

<u>元日</u>は、新しい年が始まる日です。

    1　がんにち　　　2　がんじつ　　　3　げんにち　　　4　げんじつ

I 문자 · 어휘
표기

◆ 문제의 초점

히라가나로 쓰인 단어를 한자로 어떻게 표기하는지 묻는다.

어떤 문제가 출제될까?

한자를 선택하는 문제입니다. 문제의 보기에 있는 한자는 모양이 비슷한 것(변(한자의 왼쪽) 또는 방(한자의 오른쪽 부분)이 같은 것), 의미가 비슷한 것, 음이 유사한 것 등이 있는데, 특히 동음이의 한자*에는 주의가 필요합니다.

* 예 「shuu」라고 읽는 한자 : 収 · 州 · 舟 · 周 · 拾

N2   (『가이드북』 문제예 問題2 ③)

_____の言葉を漢字で書くとき、最もよいものを、１・２・３・４から一つえらびなさい。

今日は、ごみの<u>しゅうしゅう</u>日ですか。

    1　拾集　　　　　2　修集　　　　　3　取集　　　　　4　収集

학습 포인트

시험에는 실제로 한자로 답을 쓰는 문제는 없지만, 한자를 외울 때는 정확한 형태를 쓰면서 외울 것, 그리고 변과 방 등 한자 부분의 차이를 정확히 확인하면서 외우는 것이 중요합니다. 또, 한자어에는 같은 음을 가진 것이 많이 있습니다. 동음이의어*를 찾아 모아 보는 것도 재미있고 좋은 공부가 됩니다.

* 예 いらい(依頼／以来), かいせい(快晴／改正), かんそう(感想／乾燥), きたい(期待／気体), きのう(昨日／機能) 등

연습문제

_____の言葉を漢字で書くとき、最もよいものを、1・2・3・4から一つ選^{えら}びなさい。

部屋のすみまできれいに掃除しましょう。

    1　隅　　　　　　2　遇　　　　　　3　偶　　　　　　4　寓

I 문자 · 어휘
단어 형성

◆문제의 초점

파생어와 복합어의 지식을 묻는다.

어떤 문제가 출제될까?

이 문제에서는 복합동사*1와 파생어*2 등, 둘 이상의 단어가 하나로 결합된 합성어 문제가 출제됩니다.

*1 思いつく · 出迎える · 引き受ける · 見送る · 取り消す · 通りかかる · 話しかける 등

*2 大～ (大金持ち(おおがねも)／大評判(だいひょうばん)) · 再～ (再出発) · 悪～ (悪影響) · ～化 (温暖化) 등

N2 (『가이드북』 문제예 問題 3 5)

(　　) に入れるのに最もよいものを、1・2・3・4から一つえらびなさい。

新しい商品を売るために、彼は毎日忙しく飛び（　　）いる。

1　かかって　　2　かけて　　3　まわって　　4　まわして

학습 포인트

어휘 학습의 포인트는 단어를 많이 외우는 방법밖에 없습니다. 구 2급 레벨 어휘는 약 6,000어가 있는데 합성어의 수는 어느 정도 한정되어 있으므로, 참고서 등에서 그룹으로 분류, 정리된 것을 보고 외우면 효율적입니다. 흥미가 있으면 직접 합성어를 모아 보는 것도 재미있겠지요.

연습문제

(　　) に入れるのに最もよいものを、1・2・3・4から一つ選びなさい。

若いころ、私は親の（　　）理解のために、ずいぶん苦労した。

1　不　　2　非　　3　無　　4　少

I 문자·어휘
문맥 규정

◆ 문제의 초점

문맥에 따라 의미상으로 규정된 단어가 무엇인지 묻는다.

어떤 문제가 출제될까?

문장 전체의 의미에 맞는 단어를 선택하는 문제입니다. 먼저, 문장의 전체적인 의미를 파악합니다. 보기에는 의미가 가까운 단어나 음이 가까운 단어가 있으므로, 틀리지 않도록 주의해서 선택합니다.

N3　　　　　　　　　　　　　　　　　　　　　（『가이드북』문제예 問題3 ⑤）

（　　　　）に入れるのに最もよいものを、1・2・3・4から一つえらびなさい。

（　　　　）寝たので、気持ちがいい。

　　1　すっかり　　　2　ぐっすり　　　3　はっきり　　　4　ぴったり

학습 포인트

새로운 단어를 외울 때는 단어의 뜻 외에 그 단어를 사용한 구와 예문을 함께 외우면 효과적입니다. 그렇게 하면 어휘가 느는 것은 물론 독해력과 문법 지식도 늘고 운용력도 생기므로 종합적으로 실력이 향상됩니다.

연습문제

（　　　　）に入れるのに最もよいものを、1・2・3・4から一つ選びなさい。

彼は、（　　　　）はおとなしそうだが、意外によくしゃべる男だ。

　　1　見かけ　　　2　見出し　　　3　見積もり　　　4　見かた

I 문자 · 어휘
바꾸어 말하기

◆문제의 초점

출제된 단어나 표현과 의미상으로 가까운 단어나 표현을 묻는다.

어떤 문제가 출제될까?

같은 의미의 단어, 의미가 가까운 단어를 선택하는 문제입니다. 밑줄 친 단어와 보기 중의 정답, 양쪽 다 뜻을 알지 못하면 정답을 고를 수 없습니다. 두 단어의 의미가 완전히 같다고 할 수 없는 것도 있지만, 중요한 것은 말을 바꿔도 문장 자체의 의미가 바뀌지 않는 말을 선택하는 것입니다.

N1　　　　　　　　　　　　　　　　　　　（『가이드북』문제예 問題3⑤）

　　　　の言葉に意味が最も近いものを、1・2・3・4から一つえらびなさい。

このマニュアルの説明は<u>ややこしい</u>。

　　　　　　1　明確だ　　　2　奇妙だ　　　3　複雑だ　　　4　簡潔だ

학습 포인트

일본어 사전을 찾으면, 그 단어와 바꾸어 사용할 수 있는 단어가 자주 설명에 사용됩니다. 단어장 등에 단어의 뜻을 쓸 때, 사전에서 설명에 사용된, 바꾸어 사용할 수 있는 단어도 써 두고 외우면 좋겠지요.

연습문제

　　　　の言葉に意味が最も近いものを、1・2・3・4から一つ選びなさい。

彼女が言ったことは<u>でたらめ</u>だった。

　　1　うそ　　　　　2　ほんとう　　　3　おおざっぱ　　　　4　意外

I 문자 · 어휘
용법

◆문제의 초점

출제어가 문장 안에서 어떻게 사용되는지 묻는다.

어떤 문제가 출제될까?

어떤 단어가 문장 안에서 적절하게 사용되었는지를 묻는 문제입니다. 어휘 분야이므로 문법적이 아닌 의미상 사용법이 적절한지를 판단합니다.

N1 (『가이드북』 문제예 問題 4 8)

次の言葉の使い方として最もよいものを、１・２・３・４から一つえらびなさい。

キャリア

1　その分野のキャリアになるには、長い間の努力が必要だ。

2　先月賞を取ったあの歌手のキャリアは苦労続きだったそうだ。

3　昨日、異動の発表があって、兄のキャリアは部長になった。

4　彼のキャリアはそれほど長くないが、この仕事をよく理解している。

학습 포인트

모든 어휘 문제에 해당하는 말이지만, 특히 이 「용법」 문제의 대책에서는 단지 단어의 의미를 암기하는 것이 아니라 자주 사용되는 예문, 전형적인 용법의 문장과 함께 외우는 것이 중요합니다. 예를 들면 「かわいがる」면 「子供を[犬を] かわいがる」라고 외우고, 「もったいない」라면 「捨てるのは もったいない / 時間が もったいない」라고 외웁니다. 또, 가타카나 단어도 반드시 출제되므로 일본어에서의 사용법을 파악해 둡시다.

연습문제

次の言葉の使い方として最もよいものを、1・2・3・4から一つ選びなさい。

かかえる

1 家を買うために、少しずつお金を<u>かかえている</u>。

2 この国は現在多くの問題を<u>かかえている</u>。

3 野原には一面に草花が<u>かかえている</u>。

4 あの木は古いから、倒れないように棒で<u>かかえている</u>。

Ⅱ 문법
문장의 문법1(문법 형식의 판단)

◆문제의 초점

문장의 내용에 맞는 문법 형식인지 아닌지를 판단할 수 있는지 묻는다.

어떤 문제가 출제될까?

이 문제의 빈칸에 들어가는 말은「문법적인 기능어*」로 취급되는 어구와 표현이 중심입니다.

*기능어 : 무언가를 표현하는 내용적인 의미가 아닌, 문법적인 의미와 기능을 가진 말.

N2   (『가이드북』 문제예 問題7 [13])

次の文の(   )に入れるのに最もよいものを、1・2・3・4から一つえらびなさい。

最終のバスに間に合わなくて困っていた（   ）、運よくタクシーが通りかかり、

無事帰宅できた。

　　　　　1　あげくに　　　2　ために　　　3　とたんに　　　4　ところに

학습 포인트

　구 일본어 능력시험에도 출제되었던 형식의 문제이므로 구 시험 대책문제집으로도 공부할 수 있습니다(하지만, 이 유형은 신 시험에서는 문제수가 줄었습니다). 포인트가 하나뿐만 아니라 두 개가 조합된 문제의 출제도 예상됩니다.

연습문제

次の文の（　　　）に入れるのに最もよいものを、1・2・3・4から一つ選びなさい。

指に怪我をしたといっても、（　　　　　）。

    1　スプーンを持つことさえできない

    2　スプーンが持てるとはかぎらない

    3　スプーンを持たずにはいられない

    4　スプーンが持てないほどではない

문장의 문법2(문장의 구성)

◆문제의 초점

통어적으로 올바르고, 또 의미가 통하는 문장을 구성할 수 있는지 묻는다.

어떤 문제가 출제될까?

문장을 바르게 구성하는 문제입니다. 보기 4개의 말을 어떤 순서로 늘어놓으면 올바른 문장이 되는지를 생각해서, ___★___에 들어가는 말을 고릅니다. 문법 지식을 최대한 사용하고 문장의 의미를 추측해 가면서 풉니다.

N2

(『가이드북』문제예 問題8 16)

次の文の ___★___ に入る最もよいものを、１・２・３・４から一つえらびなさい。

田中(たなか)選手が今シーズン ＿＿＿＿＿ ___★___ ＿＿＿＿＿ ＿＿＿＿＿ のニュースを見て驚いた。

　　1　彼の怪我(けが)　　　2　活躍(かつやく)するのを　　　3　楽しみに待っていた　　　4　だけに

학습 포인트

문법 지식을 실마리로 문장을 구성해 가는 연습을 충분히 해서 이 형식에 익숙해질 필요가 있습니다. 문제집 등을 이용해서 연습문제를 계속해서 풀어 봅시다. 처음에는 어렵게 느껴져서 시간도 걸릴지 모르지만, 퍼즐을 푼다는 생각으로 해 보면 즐겁게 공부할 수 있습니다. 이 연습으로 문법은 물론, 독해력, 작문 능력을 포함한 일본어의 종합적인 실력을 키울 수 있습니다.

연습문제

次の文の ___★___ に入る最もよいものを、1・2・3・4から一つ選びなさい。

この素晴らしい _____ _____ __★__ _____、あなたをここに連れてきたのです。

1 自然を 　　　　　　　　　　　　2 からこそ

3 もらいたい 　　　　　　　　　　4 見て

Ⅱ 문법
텍스트 문법

◆ 문제의 초점

글의 흐름에 맞는 문장인지 아닌지를 판단할 수 있는지 묻는다.

어떤 문제가 출제될까?

글의 내용과 흐름에 맞는 단어를 빈칸에 넣는 문제입니다. 글 전체의 흐름을 크게 파악하는 능력과, 한 문장 한 문장의 의미와 문장과 문장의 연결 방법을 이해할 수 있는지 평가합니다. 빈칸에 들어가는 것은, 의미상 문맥에 맞는 적절한 어구와 문장, 흐름과 논리의 전개에 맞는 접속어, 문법적인 표현 문형 등 여러 가지입니다. 문법 분야의 문제이지만 독해력도 평가되는 문제입니다.

학습 포인트

이 문제를 풀 때는 글 전체의 흐름과 의미를 파악하고 문장과 문장의 관계를 파악하면서 답을 찾습니다. 이러한 것들을 정해진 시간 내에 풀어야 하기 때문에 간단하지 않습니다. 충분한 연습이 필요하므로 문제집 등의 교재를 이용하면 좋겠지요. 독해 연습도 겸하는 아주 좋은 공부가 됩니다. 자신의 일본어 실력을 최대한 이용하여 문제를 푸는 것으로 문법 능력뿐만 아니라, 일본어의 종합적 능력 향상을 크게 기대할 수 있습니다.

연습문제

次の文章を読んで、 ⬚1⬚ から ⬚5⬚ の中に入る最もよいものを、1・2・3・4から一つ選びなさい。

　　原子力や水力に代わる新しい力で発電をするという大きな課題、これを解決するものとして利用され始めたのが太陽光だ。限りある石炭や石油とは異なり、この無限のエネルギーが地球上で必要とされる電力を生み出してくれるなら、人類にとってこれほど ⬚1⬚ 。しかし、太陽光発電にも問題がない ⬚2⬚ 。無限に存在する太陽光ではあるが、常時安定して得られるものではないからである。天候や時間に左右され、 ⬚3⬚ 電力供給を、なんとか安定したものにできないだろうか。 ⬚4⬚ 一案となるのが自然環境の異なる国や地域同士が互いに手を結ぶことである。例えば、昼と夜が逆になる国同士で電力を補い合うことも可能だろう。北と南の環境の違いもうまく利用できるかもしれない。こうした地球規模での取り組みがあれば、新しいエネルギーの開発は日進月歩で進む ⬚5⬚ 。

⬚1⬚
1　ありがたいことはない　　　　　2　なんとありがたいことか
3　よいことである　　　　　　　　4　よい結果になる

⬚2⬚
1　ばかりではない　　　　　　　　2　ともいえる
3　ということになる　　　　　　　4　わけではない

⬚3⬚
1　一年中利用できない　　　　　　2　季節には左右されない
3　不安定になりがちな　　　　　　4　いつでも利用が可能な

⬚4⬚
1　たいがい　　　　　　　　　　　2　そこで
3　したがって　　　　　　　　　　4　ただし

⬚5⬚
1　にちがいない　　　　　　　　　2　ことである
3　おそれがある　　　　　　　　　4　にすぎない

내용 이해(단문)

◆ 문제의 초점

생활, 일 등 여러 가지 화제를 포함한 설명문과 지시문 등 200자 정도의 글을 읽고 내용을 이해할 수 있는지 묻는다.

▌어떤 문제가 출제될까?

설명문이나 지시문 등의 짧은 글(150-200자 정도)을 읽고, 내용에 대한 질문에 답합니다. 사용되는 글에는 편지나 광고 등도 포함될 가능성이 있습니다. 일상생활이나 직장에서 볼 수 있는 실용적인 글이 중심이지만, 특히 「일」에 관계되는 글이 출제될 가능성이 클 것으로 예상됩니다.

III 독해
내용 이해(중문)

◆ 문제의 초점

비교적 쉬운 내용의 평론, 해설, 수필 등 500자 정도의 글을 읽고, 인과관계와 이유, 개요와 필자의 생각 등을 이해할 수 있는지 묻는다.

▌어떤 문제가 출제될까?

500자 정도 길이의 평론, 해설문, 수필 등을 읽고, 내용의 개요와 포인트에 대한 질문에 답합니다. 사실관계뿐만 아니라 인과관계와 필자의 생각 등을 읽고 이해하는 문제도 출제됩니다.

 **독해**
통합 이해

◆ 문제의 초점

비교적 쉬운 내용의 여러 개의 글(합계 600자 정도)을 읽고 비교, 통합하면서 이해할 수 있는지 묻는다.

어떤 문제가 출제될까?

여러 개의 글을 읽고 각 글의 요점을 파악하고 비교하면서 공통점이나 차이점 등을 정리합니다. 「문제」에서는 모든 글에서 공통으로 언급하고 있는 것, 또는 각각 다른 점 등을 답합니다.

학습 포인트

이 형식의 문제는 같은 테마나 토픽을 다룬 서로 다른 글을 읽고 비교하는 것이므로 그러한 여러 가지 글들을 읽으며 연습을 하는 것이 필요합니다. 하지만, 글들을 찾기 어려우면 시중에 나와 있는 교재를 이용하는 것도 좋습니다. 가능한 한 많은 문제에 도전해서 글 내용의 공통점과 차이점을 구별해 정리하는 것에 익숙해지도록 합시다. 연습을 하면 할수록 답을 찾는 속도가 빨라질 것입니다.

연습문제

次のＡとＢは、「エテルナ」という映画を見た二人の感想である。二つの文章を読んで、後の問いに対する答えとして、最もよいものを１・２・３・４から一つ選びなさい。

A

先日、フランス映画「エテルナ」を見てきました。なんといっても、最新のＣＧ技術で作られた映像のすごさに驚かされました。色が鮮やかで、立体感があり、迫力満点です。現実の世界から離れた架空の国へ、私も入り込んでいました。ただ、話の内容は単純で、意外性がなく、"ハラハラ、ドキドキ"することはありませんでした。しかし、監督が描きたかったというテーマ「人類の永遠の愛」が直接伝わってきて、この点では素直に感動しました。

B

友達に誘われて「エテルナ」を見に行きました。前評判が高かっただけに、映画館の入り口には、長い列ができていました。ワクワクしながら席に着いて見始めました。映像はたしかに目を見張るようなすごさで、最初から圧倒されました。でも、ストーリーはどこかで聞いたことがあるような、過去の大作のいいところをよせ集めたような印象でした。娯楽作品としては楽しめるのかもしれませんが、映画が伝えようとするものが何なのかいまひとつわからず、心に深く残るものがなかったというのが正直な感想です。

1 　ＡとＢの両方が言っていることはどれか。最もよいものを１・２・３・４から一つ選びなさい。

1　映画のテーマの素晴らしさ　　　　2　ストーリーの楽しさ

3　評判の高さ　　　　　　　　　　　4　映像技術の高さ

2 　Ａの筆者とＢの筆者が、この映画について友達に言うことはどれか。最もよいものを1・２・３・４から一つ選びなさい。

1　Ａは、「映像技術が高いのに驚いたが、ストーリーがつまらなかった」と言い、Ｂは、「映像がすばらしくて、ストーリーもおもしろいのでドキドキした」と言う。

2　Ａは、「話の内容は単純だけど、大きなテーマを扱った映画だ」と言い、Ｂは、「映像技術には驚いたけれど、話の内容には新鮮味がなく、テーマについての深い感動もなかった」と言う。

3 Aは、「映像は素晴らしいけれど、話の内容は単純だ」と言い、Bは、「いろいろな
作品のいいところを集めたストーリーが楽しめるし、テーマもよく伝わってくる映画
だ」と言う。

4 AもBも、「話の展開がおもしろいし、映像もすごい迫力だから、素直に楽しめる映
画だ」と言う。

Ⅲ 독해
주장 이해(장문)

◆문제의 초점

논리 전개가 비교적 명쾌한 평론 등, 900자 정도의 글을 읽고 전체적으로 전달하고자 하는 주장과 의견을 파악할 수 있는지 묻는다.

어떤 문제가 출제될까?

900자에서 1,000자 정도의 글을 읽고, 전체적으로 전달하고자 하는 의견, 주장, 필자의 생각 등에 대한 질문에 답합니다. N2에 출제되는 글은 평론이나 수필 등인데 논리 전개를 알기 쉬운 글입니다.

Ⅲ 독해
정보 검색

◆문제의 초점

광고, 팸플릿, 정보지, 비즈니스 문서 등의 정보 소재(700자 정도) 중에서 필요한 정보를 찾아낼 수 있는지 묻는다.

어떤 문제가 출제될까?

실생활에서 자주 보는 안내문 등을 읽고, 필요한 정보를 찾는 문제입니다. 긴 글은 아니므로 깊이 있게 읽을 필요는 없지만, 한자와 어휘의 지식이 없으면 어렵게 느껴집니다. 자기 자신이 실제로 그 정보를 찾는 입장이라고 가정해서 몰두하면 집중할 수 있고, 답을 찾기 쉬울 것입니다.

연습문제

次は、「新宿カルチャースクール」の案内である。下の問いに答えなさい。

1　木村さんが行けるのは、どの講座か。以下の木村さんの条件を見て、最もよいものを一つ選びなさい。

> ◇ 平日は子どもが幼稚園に行っている間しか外出できない。幼稚園には月曜日から金曜日の9時から15時まで行く。
>
> ◇ 土曜日と日曜日は、夫に子どもを預けて外出することができる。
>
> ◇ 1か月10,000円までしか出せない。

　　1　BとCとE　　　2　BとCとD　　　3　AとBとG　　　　4　BとDとG

2　スクールに直接行かないで入会金を支払う場合、どこで支払うか。最もよいものを一つ選びなさい。
　　1　郵便局かコンビニ　　　　　　　　2　コンビニ
　　3　新宿デパートか郵便局　　　　　　4　新宿デパート

新宿カルチャースクール　講座案内

空席状況	講座名	曜日・時間	受講料
×	A. 生け花	毎週火曜日 15：00〜17：00	1カ月：9,500 円
○	B. 茶道	第2・第4木曜日 10：00〜12：00	1回：2,000 円
○	C. ヨガ	毎週2回 月曜日と金曜日 12：30〜14：30	1回：2,000 円
○	D. 絵画	毎週日曜日 13：30〜14：30	1カ月：9,500 円
○	E. 社交ダンス	第1・第3木曜日 18：00〜20：00	1カ月：9,000 円
×	F. スペイン語	毎週金曜日 13：00〜14：00	1カ月：10,000 円
○	G. パソコン	毎週火曜日 10：00〜12：00	1カ月：10,000 円

○：空席あり　×：空席なし

◆お申し込み方法
①窓口で
　　受付場所：新宿デパート7階
　　受付時間：月曜日〜土曜日(9：30〜19：00)
　　※身分証明書と入会金をお持ちください。
②電話で
　　受付時間：月曜日〜土曜日(10：30〜17：00)
　　※入会金のお支払いは郵便振替になります。
③インターネットで
　　受付時間：24時間受け付けます。
　　※入会金のお支払いはコンビニでお願いします。(受付番号をご提示ください。)

Ⅳ 청해
과제 이해

◆ 문제의 초점

내용이 갖추어진 본문을 듣고, 내용을 이해할 수 있는지 묻는다. (구체적인 과제 해결에 필요한 정보를 듣고, 다음에 무엇을 하는 것이 적당한지를 이해하는지 묻는다.)

어떤 문제가 출제될까?

본문 안에는 어떤 과제가 있습니다. 그 과제를 이해하고 「무엇을 할까?/무엇이 필요할까?/언제/어디/누구」 등을 듣습니다. 문제 책자에 인쇄된 보기는 문자인 경우뿐만 아니라, 일러스트도 있습니다.

학습 포인트

청해 문제집을 이용하는 것이 효과적입니다. 「과제 이해」의 문제를 연습할 때는 일기예보를 들을 때처럼, 필요한 정보(자기가 사는 지역의 날씨)를 듣고, 다음에 무엇을 할지(우산이 필요할지)를 찾는 연습을 합니다. CD를 들으면서 정보를 계속해서 메모하는 것이 좋습니다. 중요할 것 같은, 정답과 관련이 있을 것 같은 메모에는 ○나 밑줄 등으로 표시합니다.

IV 청해
포인트 이해

◆ 문제의 초점

내용이 갖추어진 본문을 듣고, 내용을 이해할 수 있는지 묻는다. (사전에 제시된 들어야 할 것을 근거로 포인트를 좁혀서 들을 수 있는지 묻는다.)

어떤 문제가 출제될까?

처음에 질문을 듣고, 들어야 할 포인트를 기억합니다. 그 후에, 문제 용지에 있는 4개의 보기를 읽는 시간이 있으므로 정확히 읽어 둡니다. 문제1(과제 이해)의 듣기 포인트는 구체적인 정보(무엇, 누구, 언제, 어디 등)이지만, 이 문제2의 포인트는 좀 더 어렵습니다. 예를 들면, 「말하는 사람의 기분」이나 「일이 일어난 이유」 등을 듣습니다. 확실히 제시되어 있지 않은 상황, 애매한 표현, 세세한 마음의 움직임 등도 이해할 수 있어야 합니다. 질문의 형태는 「왜/어째서/어떤 이유」가 중심이 됩니다.

학습 포인트

「과제 이해」와 같이 메모를 활용하는 것이 중요합니다. 연습할 때도 처음에 질문에서 제시된 「듣기 포인트」부터 메모해 둡니다. 말로 제시되지 않은 것을 파악하기 위해서는 말투(억양이나 쉬는 곳, 머뭇거림 등)도 실마리가 됩니다. 말하는 사람의 감정이나 진심은 어디에 있는지를 파악하며 듣는 연습도 필요합니다.

IV 청해
개요 이해

◆ 문제의 초점

내용이 갖추어진 본문을 듣고 내용을 이해할 수 있는지 묻는다. (본문 전체에서 말하는 사람의 의도와 주장 등을 이해할 수 있는지 묻는다.)

어떤 문제가 출제될까?

들은 것 전체에서 말하는 사람의 생각이나 주장을 이해하는 문제입니다. 특정 정보나 세부적인 포인트를 듣는 것이 아니라, 전체로부터 큰 개요를 파악합니다. 이 문제에서는 처음에 질문이 제시되지 않습니다. 형식은, 한 사람의 독백(스피치 형식)이 중심이 됩니다. 질문의 형식은 주로 「무엇에 대해서」 「무엇을 위해서」입니다.

학습 포인트

처음에 질문이 없기 때문에, 포인트를 좁혀서 듣는 것이 아니라 대강의 뜻을 추측하면서 듣습니다. 세부까지 잘 들으려 하지 말고, 요점을 파악하면서 말의 큰 흐름을 파악할 수 있는 방법으로 듣기를 연습합니다. 추측도 활용합니다.

즉각적인 응답

◆문제의 초점

질문 등의 짧은 발화를 듣고 적절한 응답을 선택할 수 있는지 묻는다.

어떤 문제가 출제될까?

새로운 형식의 문제로, 짧은 대화를 듣고 적절한 대답을 선택합니다. 「발화 표현」의 문제와 같이 회화력과 커뮤니케이션 능력을 묻는 문제입니다. 귀로 들은 것을 이해하는 것뿐만 아니라, 그것에 대해 재빨리 반응해서 대답을 선택해야 합니다. 어떤 장소에서, 어떤 사람이 무엇에 대해 말하고 있는지를 순식간에 알아챌 수 있으면 좋겠지만, 회화가 아주 짧고 정보가 적으므로 아무것도 파악하지 못한 채 음성이 끝나버릴 우려도 있습니다. 하지만, 정답의 실마리가 되는 포인트도 있으므로 그것을 놓치면 안 됩니다.

학습 포인트

짧은 대화를 듣고 바로 어디에서, 어떤 사람이, 무엇에 대해 이야기하고 있는지, 이러한 것을 이해하는 것은 몹시 어렵지만 훈련을 하면 점점 익숙해집니다. 우선 일본인끼리의 대화를 많이 듣는 것이 도움이 됩니다. 교재 연습문제를 많이 풀어 보는 것도 좋겠지요. CD로 문제 연습을 할 때, 귀로 듣고 대답을 찾는 것뿐만 아니라 대화를 소리를 내서 따라 하는 연습을 하면 효과적입니다. 듣는 연습만이 아니라 말하는 연습도 됩니다.

Ⅳ 청해
통합 이해

◆ 문제의 초점

긴 본문을 듣고 다수의 정보를 비교, 통합하면서 내용을 이해할 수 있는지 묻는다.

어떤 문제가 출제될까?

긴 내용을 듣고 이해하는 문제입니다. 다수의 정보를 비교하거나 관련지어야 하므로 레벨이 높은 문제입니다. 다수의 정보란, 세 사람의 대화이거나, 또는 한 사람이 말하고 나서 그것을 들은 두 사람의 대화가 계속되거나 하는 것입니다. 세 사람의 대화에서는 각각의 목소리와 말하는 내용을 분별해서 정보를 정리하는 작업도 필요합니다.

학습 포인트

본문이 긴 편이라서 정보가 여러 개 나오기 때문에 집중해서 요점을 파악하는 연습을 해야 합니다. 많은 정보를 기억하는 것은 무리이므로 메모는 반드시 필요합니다. 단지, 빨리 쓰지 않으면 따라가기 어렵기 때문에 말을

연습문제 정답

Ⅰ 문자 · 어휘

◆ 한자읽기 2

◆ 표기 1

◆ 단어 형성 3 파생어 문제이다. 문장의 의미는 '부모의 이해가 없었다 / 부모가 나를 이해해 주지 않아서 고생했다'로 추측되므로 「〜がない/〜をしない」의 의미를 가진 한자를 정답으로 볼 수 있다.

◆ 문맥 규정 1

◆ 바꾸어 말하기 1

◆ 용법 2

Ⅱ 문법

◆ 문장의 문법1 4

◆ 문장의 문법2 3 옳은 문장：この素晴らしい自然を見てもらいたいからこそ、あなたをここに連れてきたのです。

◆ 텍스트 문법 ① 1 ② 4 ③ 3 ④ 2 ⑤ 1

Ⅲ 독해

◆ 통합이해 ① 4 ② 2

◆ 정보검색 ① 4 ② 1

연습문제 번역

I 문자 · 어휘

〈한자 읽기〉
설날은, 새로운 해가 시작되는 날입니다.

　2 がんじつ

〈표기〉
방 구석까지 깨끗하게 청소합시다.

　1 隅

〈단어 형성〉
젊은 시절, 나는 부모의 (　)이해로 꽤 고생했다.

　1 불　　　2 비　　　3 무　　　4 소

〈문맥 규정〉
그는 (　)는 얌전한 듯하나, 의외로 수다를 잘 떠는 남자다.

　1 겉보기　　2 표제어　3 견적　　4 관점

〈바꾸어 말하기〉
그녀가 한 말은 엉터리였다.

　1 거짓말　　2 진짜　　3 엉터리　　4 의외

〈용법〉
かかえる(안다, 부담을 지다)

　1 집을 사기 위해 조금씩 돈을 안고 있다.
　2 이 나라는 현재 많은 문제를 안고 있다.
　3 들판에는 한 쪽에 꽃과 풀이 안고 있다.
　4 저 나무는 오래되어서 쓰러지지 않도록 장대로 안고 있다.

II 문법

〈문장의 문법1(문법 형식의 판단)〉
손가락을 다쳤다고 해도 (　　　　　　).

　1 숟가락을 들 수조차 없다
　2 숟가락을 들 수 있다고는 할 수 없다
　3 숟가락을 들지 않고서는 참을 수 없다
　4 숟가락을 들 수 없을 정도는 아니다

〈문장의 문법2(문장의 구성)〉
이 훌륭한 ＿＿＿ ＿＿＿ ★ ＿＿＿

당신을 여기에 데려온 것입니다.

(이 훌륭한 자연을 보여주고 싶어서 당신을 여기에 데려온 것입니다.)

　1 자연을　　　　　2 ～기 때문에
　3 받고 싶다　　　4 보아

〈텍스트 문법〉

　　원자력과 수력을 대신할 새로운 힘으로 발전을 한다는 큰 과제, 이것을 해결할 방법으로 이용되기 시작한 것이 태양광이다. 유한한 석탄이나 석유와는 달리 이 무한의 에너지가 지구상에서 필요로 하는 전력을 만들어 준다면 인류에게 이것만큼 ［1］. 그러나, 태양광 발전에도 문제가 없는 ［2］. 무한히 존재하는 태양광이지만, 언제나 안정적으로 얻을 수 있는 것은 아니기 때문이다. 날씨나 시간에 좌우되어 ［3］ 전력공급을 어떻게든 안정된 것으로 할 수 없을까? ［4］ 그럴 듯한 생각이 자연환경이 다른 나라나 지역끼리 서로 협력하는 것이다. 예를 들면 낮과 밤이 반대로 되는 나라끼리 전력을 서로 보충하는 것도 가능할 것이다. 북과 남의 환경 차이도 잘 이용할 수 있을지도 모른다. 이러한 전지구적 대처가 있다면 새로운 에너지의 개발은 일취월장 ［5］.

［1］　1 고마운 일은 없다
　　　2 얼마나 고마운 일인가
　　　3 좋은 일이다
　　　4 좋은 결과가 된다

［2］　1 ～뿐만 아니다
　　　2 ～라고도 할 수 있다
　　　3 ～라는 것이 되다
　　　4 ～이 아니다

3	1 1년내내 이용할 수 없는
	2 계절에는 좌우되지 않는
	3 불안정하기 쉬운
	4 언제라도 이용가능한

| 4 | 1 대개 | 2 거기서 |
| | 3 따라서 | 4 단 |

5	1 ~임에 틀림없다
	2 ~이다
	3 ~의 우려가 있다
	4 ~에 지나지 않다

〈통합 이해〉

A

> 얼마 전, 프랑스영화 「에테르나」를 보고 왔습니다. 뭐니 뭐니 해도 최신 CG기술로 만들어진 영화의 훌륭함에 놀랐습니다. 색상이 선명하고 입체감이 있어 박력 만점이었습니다. 현실 세계로부터 동떨어진 가공의 나라에 저도 빠져 들어 있었습니다. 단지, 이야기의 내용은 단순하고 의외성이 없어 스릴이나 긴장감은 없었습니다. 그러나 감독이 표현하고 싶었다는 주제 '인류의 영원한 사랑'이 직접 전해져 와 이 점은 솔직히 감동했습니다.

B

> 친구가 권해서 「에테르나」를 보러 갔습니다. 전의 평이 좋았던 만큼 영화관 입구에는 사람들이 길게 줄을 서 있었습니다. 설레는 기분으로 자리에 앉아 보기 시작했습니다. 영상은 확실히 눈이 휘둥그레질 정도의 훌륭함으로 처음부터 압도했습니다. 하지만 스토리는 어디선가 들은 적이 있는 과거 대작들의 좋은 점만을 모은 듯한 인상이었습니다. 오락 작품으로서는 즐길 수 있을 지도 모르겠습니다만, 영화가 전하고자 하는 것이 무엇인지 잘 모르겠고 마음 깊이 남는 것이 없었다는 것이 솔직한 감상입니다.

1 A와 B가 이야기하고 있는 것은 어느 것인가? 가장 알맞은 것을 1·2·3·4 중에서 하나 고르시오.

1 영화 주제의 훌륭함
2 스토리의 즐거움
3 높은 평
4 높은 영상 기술력

2 A의 필자와 B의 필자가 이 영화에 대해 친구에게 말하는 것은 어느 것인가? 가장 알맞은 것을 1·2·3·4 중에서 하나 고르시오.

1 A는 '영상기술이 높은 데 놀랐으나 스토리가 재미없었다'고 말하고, B는 '영상이 훌륭하고 스토리도 재미있어서 흥분되었다'고 말한다.

2 A는 '이야기의 내용은 단순하지만 커다란 주제를 다룬 영화다'라고 말하고, B는 '영상기술에는 놀랐지만, 이야기의 내용에는 신선미가 없고 주제에 대한 깊은 감동도 없었다'고 말한다.

3 A는 '영상은 훌륭하지만 이야기의 내용은 단순하다'고 말하며, B는 '여러 작품의 좋은 부분을 모은 스토리를 즐길 수 있고 주제도 잘 전달되는 영화다'라고 말한다.

4 A, B 모두 '이야기의 전개가 재미있고 영상도 매우 박력있어 자연스럽게 즐길 수 있는 영화다'라고 말한다.

〈정보 검색〉

1 기무라 씨가 갈 수 있는 것은 어느 강좌인가? 아래 기무라 씨의 조건을 보고 가장 알맞은 것을 하나 고르시오.

> ◇평일은 아이가 유치원에 가 있는 동안에만 외출할 수 있다. 유치원에는 월요일부터 금요일 9시부터 15시까지 간다.
> ◇토요일과 일요일은 남편에게 아이를 맡기고 외출할 수 있다.
> ◇한 달에 10,000엔까지만 낼 수 있다.

1 B와 C와 E   2 B와 C와 D
3 A와 B와 G   4 B와 D와 G

2 센터에 직접 가지 않고 입회비를 낼 경우 어디에서 내는가? 가장 알맞은 것을 하나 고르시오.

1 우체국이나 편의점   2 편의점
3 신주쿠 백화점이나 우체국   4 신주쿠 백화점

신주쿠 문화센터 강좌안내

공석현황	강좌명	요일 · 시간	수강료
X	A. 꽃꽂이	매주 화요일 15:00~17:00	1개월 : 9,500엔
O	B. 다도	둘째, 넷째주 목요일 10:00~12:00	1회 : 2,000엔
O	C. 요가	매주 2회 월요일과 금요일 12:30~14:30	1회 : 2,000엔
O	D. 회화	매주 일요일 13:30~14:30	1개월 : 9,500엔
O	E. 사교댄스	첫째, 셋째주 목요일 18:00~20:00	1개월 : 9,000엔
X	F. 스페인어	매주 금요일 13:00~14:00	1개월 : 10,000엔
O	G. 컴퓨터	매주 화요일 10:00~12:00	1개월 : 10,000엔

O : 공석 있음   X : 공석 없음

◆ 신청 방법
　① 창구에서
　　접수 장소 : 신주쿠 백화점 7층
　　접수 시간 : 월요일~토요일(9:30~19:00)
　　※신분증과 입회비를 지참하시기 바랍니다.

　② 전화로
　　접수시간 : 월요일~토요일(10:30~17:00)
　　※입회비 납입은 우편 송금입니다.

　③ 인터넷으로
　　접수시간 : 24시간 접수합니다.
　　※입회비는 편의점에서 납입해 주십시오. (접수번호를 제시해 주십시오.)

新 일본어능력시험
2010년 7월 기출어휘 및 문형 분석

I 문자·어휘

1. 한자 읽기
相互そうご 상호
辛からい 맵다, 얼얼하다, 얼큰하다
景色けしき 풍경
備そなえる 갖추다, 구비하다, 비치하다, (모습·모양을) 나타내다, 드러내다
防災ぼうさい 방재

2. 표기
礼儀れいぎ 예의
出世しゅっせ 출세
伝統でんとう 전통
焦あせる 조바심하다, 안달하다, 초조하게(조급하게) 굴다
暮くらす 살다, 살아가다, 지내다

3. 단어 형성
諸しょ〜 모든 〜
〜街がい 〜가
高こう〜 높은〜, 고〜
副ふく〜 부〜
〜力りょく 〜력, 〜하는 힘

4. 문맥 규정
のんびり 한가롭고 평온한 모양, 유유히, 한가로이, 태평스레
マイペース 자기 나름의 방식
評価ひょうか 평가
限かぎる (범위를) 한정(제한)하다, 한하다
発揮はっき 발휘
あいまい 애매, 모호, 분명하지 않음
有効ゆうこう 유효

5. 바꾸어 말하기
とりあえず 다른 일은 제쳐놓고 먼저, 곧바로, 지체 없이, 부랴부랴, 우선, 일단

一応いちおう (완전하다고는 할 수 없으나) 일단, 대강, 대충, 우선은, 어쨌거나
ゆずる 물려주다, 양도하다
貸かす 빌려 주다, 사용하게 하다
雑談ざつだん 잡담
おしゃべり (남과) 잡담함, 잘 지껄임, 수다스러움, 또는 수다쟁이
かしこい 현명하다, 슬기롭다, 영리하다, (하는 행동이) 약다, 요령있다, 약삭빠르다
頭あたまがいい 머리가 좋다
大おおげさ 과장됨, 보통 정도를 넘는 모양, 야단스러움
オーバー 오버, 초과하다, 과장되다

6. 용법
取材しゅざい 취재
きっかけ 계기, 실마리
深刻しんこく 심각
続出ぞくしゅつ 속출
外見がいけん 외견

Ⅱ 문법

7. 문장의 문법1(문법 형식의 판단)

~に比くらべて　~에 비해
~に先立さきだって　~에 앞서
~に応おうじて　~에 따라
~に向むけて　~을 향해서, ~을 목표로 해서
とちゅうで　도중에
~ついでに　~하는 김에, ~하는 기회에
~うちに　~하기 전에, ~할 때
~につき　~에 대하여, ~에 관하여, ~당, ~이므로
~につれ　~에 따라
~にわたり　~에 걸쳐
~にともない　~에 따라
なにも　아무것(일)도, 조금도
~一方いっぽうだ　~뿐이다
~すぎる　지나치게 ~하다
~かねない　~하기 쉽다
~がちだ　~하는 경향이 있다
やらせていただけないでしょうか
　　　　　　　하게 해주실 수 없으신지요
~たまま　~한 채, ~한 채로
~たばかり　막 ~한, ~하자마자
~たところ(に)　~하자마자
~とすると　~라고 가정하면
~とはいえ　~라고는 하나
このままでいいのだろうか　이대로 괜찮을까?

8. 문장의 문법2(문장의 구성)

３課の文法の練習問題を <u>解いた</u> <u>ところ</u> <u>まで</u> <u>で</u> 終わったよ。
~ところまで　~곳까지

ひとくちに <u>といっても</u> <u>それぞれの店</u> <u>によって</u> <u>カレーライス</u> 材料はさまざまだ。
~といっても　~라고 해도

田中さんはいつも <u>人の</u> <u>やること</u>に <u>文句を</u> <u>言う</u> ばかりで 自分では何もしない。
~ばかりで　~(뿐)만으로

ああ、たしか『<u>わかる</u>』 <u>という</u> <u>ような</u> <u>意味だった</u> <u>と思う</u> んですけど。
~というような　~라고 하는 것 같은

毎年、合格者の８０パーセントが <u>実務経験者という</u> <u>ことからすると</u> <u>未経験者の</u> <u>わたしが</u> この試験に合格するのは簡単ではないだろう。
~ことからすると　~로는

9. 텍스트 문법

~というものだ　~(이)라는 것이다
~わけですから　~것이기 때문에
~からこそ　~때문에
~べきだ　~해야 한다
~ないのではないでしょうか
　　　　　　　~않는 것이 아닌가요?
つい　무심코, 그만, 어느덧
つまり　즉

Ⅲ 독해 ━━━━━━━━━━

10. 내용 이해(단문)

印象いんしょう 인상

傾向けいこう 경향

勝手かって 제멋대로 굶, 자기 좋을 대로 함

植うえる (나무 등을) 심다, (사상 등을) 불어 넣다, 주입하다

無条件むじょうけん 무조건

乾燥地帯かんそうちたい 건조지대

枯かれる (초목이) 마르다, 시들다, (몸 등에) 생기가 없어지다

流量りゅうりょう 유량

当あたり前まえ 당연함, 마땅함

循環じゅんかん 순환

拝啓はいけい 배계, 근계(삼가 아뢴다는 뜻으로 편지 머리에 쓰는 말)

販売はんばい 판매

順調じゅんちょう 순조

伸のばす 늘이다, 길게 기르다

製品せいひん 제품

感想かんそう 감상

希望きぼう 희망

用紙ようし 용지

配布はいふ 배포

協力きょうりょく 협력

呼よびかけ 요청

面倒めんどう 번거로움, 귀찮음, 성가심, 폐, 돌봄, 보살핌, 시중

敬具けいぐ 경구, 경백(敬白), [참고] 편지 끝의 인사말

宇宙うちゅう 우주

離はなれる 떨어지다, 벌어지다, 멀어지다

巨大きょだい 거대

施設じっし 실시

酸素さんそ 산소

相当そうとう 상당

いずれ 어쨌든, 어차피, 아무래도, 결국은

装置そうち 장치

機能きのう 기능

行為こうい 행위

異ことなる 같지 않다, 다르다

影響えいきょう 영향

望のぞむ 바라다, 원하다

ねらう 겨누다, 노리다, 엿보다

11. 내용 이해(중문)

盛もり上あがる 부풀어오르다, 불거져 나오다, 높아지다, 비등하다, 고조(高潮)되다

いきなり 돌연, 갑자기, 느닷없이

途端とたん 바로 그 순간

クラッシュ 크래시, 충돌 사고

黙だまる 입을 다물다, 침묵하다, 소리를 내지 않다, 가만히 있다, 말없이 있다

うなずく 수긍하다, 고개를 끄덕이다

誰だれ 누구, 이름을 모르는 사람, 정체를 모르는 사람을 일컫는 말

独占どくせん 독점

意識いしき 의식

配くばる 나누어 주다, 배부[배분]하다, 고루 미치게 하다

敬意けいい 경의

振ふる (몸의 어떤 부위를) 움직이다, 흔들다, (어떤 물체의 일부를) 잡고 흔들다, 휘두르다

つくづく 곰곰(이), 골똘히, 주의 깊게, 자세히, 눈여겨

それなり 그것이 마지막이며 그 뒤로는 변화가 없는 모양, 그렇게 한 채, 그 뿐, 그 나름, 그런대로

幸運こううん 행운

潜ひそむ 숨다, 잠복하다, 잠재하다, 잠기어 있다, 내재하다

高齢者こうれいしゃ 고령자

増加ぞうか 증가

老眼鏡ろうがんきょう 노안경, 돋보기

記事きじ 기사

しめす (나타내) 보이다

納得なっとく 납득, 이해, 양해

簡略かんりゃく 간략

適切化てきせつか 적절화

版はん 판목, 판

はかる (무게를) 달다, (길이를) 재다, (양을) 되다, 어림잡다, 가늠하다

快適かいてき 쾌적

換かえる (서로) 바꾸다, 교환하다, (새것으로) 갈다,
　　　　바꾸다, 교체하다
転職てんしょく 전직
ときどき 그때그때, 가끔, 때때로
～とはいっても ～(이)라고는 말해도
不満ふまん 불만
格別かくべつ 각별
ついつい 그만
芝生しばふ 잔디, 잔디밭
ピッタリ (문 등이) 어긋나거나 틈이 없이 잘 맞는
　　　　모양, 꼭, 꽉, 딱
なかなか 꽤, 상당히, 매우, 그렇게 간단하게는, 쉽
　　　　사리, 좀처럼
誰しも(=誰でも) 누구라도
試ためす 시험하여 보다
はるかに (거리·시간이) 멀리 떨어져 있음, 아득함
拡ひろがる 넓어지다, 퍼지다, 번지다
だけど 그렇지만, 그러나
才能さいのう 재능
頃ごろ 요사이, 때마침, 때는 바로
憧あこがれる 그리워하다, 동경하다
野球選手やきゅうせんしゅ 야구선수
監督かんとく 감독
もっとも 가장, (～중에서) 제일
たしかに 확실함, 틀림없음, 믿을 만함, 정확함
平凡へいぼん 평범
選択せんたく 선택
胸むねをはる 가슴을 펴다, 자신만만한 태도를 지
　　　　니다
必然ひつぜん 필연

12. 통합 이해

人脈じんみゃく 인맥
セミナー 세미나
自己じこ 자기
～っぱなし ～채로
漫然まんぜん 만연
同郷どうきょう 동향
後輩こうはい 후배
一字一句いちじいっく 한 자 한 구
愚おろかだ 미련함, 어리석음

戦前せんぜん 전전, 전쟁 전
講義こうぎ 강의
常識じょうしき 상식
筆記ひっき 필기
便べんなように(=便利べんりなように)
　　　　　　　　　　　　편리한 것처럼
ごく 최고, 특히, 극히, 지극히, 매우
ずっと 다른 것과 비교해서 차이가 많은 모양, 시간
　　　　적 차이가 많은 모양
核心かくしん 핵심

13. 주장 이해(장문)

たどり着つく 가까스로 도착하다
抵抗感ていこうかん 저항감
がり勉べん 오직 학교 공부만 열심히 함, 또는 그런
　　　　사람, 공부 벌레
徒競走ときょうそう 달리기 시합
猛練習もうれんしゅう 맹연습
恐おそれる 무서워하다, 겁내다, 두려워하다, 우려
　　　　하다, 걱정하다, 불안해하다
隠かくす 감추다, 숨기다
得意技とくいわざ 장기
褒ほめる 칭찬하다
わざわざ 일부러, 고의로, 짐짓, 특별히, 특히
否定ひてい 부정
謙遜けんそん 겸손
バリア 배리어, 장벽
積極的せっきょくてき 적극적
取とり入いれ 들여옴, 거두어들임, 받아들임, 도입,
　　　　(농작물의) 수확
プロセス 프로세스, 경과, 과정, 공정(工程), 방법
仕組しくみ 사물의 구조, 장치, 기구(機構), 궁리, 방
　　　　법, 계획
～なければなりません ～해야 합니다
客観視きゃっかんしする 객관시하다
測定そくてい 측정
換算かんさん 환산
堂々どうどう 당당
文章ぶんしょう 문장
独立どくりつ 독립
顧客こきゃく 고객, 단골 손님

有限ゆうげん 유한
魔法まほう 마법

IV 청해

1. 과제 이해
情報じょうほう 정보
引ひっ越こし 이사
不動産屋ふどうさんや 부동산
条件じょうけん 조건
整理せいり 정리
運うん 운
候補こうほ 후보
壁かべ 벽
避難用ひなんよう 피난용
袋ふくろ 봉투, 자루
桁けた 수(數)의 자리, 자릿수
ただ 오직, 그저, 오로지, 겨우, 단지, 단
診察しんさつ 진찰
出版しゅっぱん 출판
印刷いんさつ 인쇄
あいにく 공교롭게도, 재수 없게도, 마침(무엇을 하려고 하는데 그럴 수 없는 상태임을 나타내는 말)
件けん 건, 사항, 사건, 같은 사항·사건 등의 수를 세는 말, 건
伝言でんごん 전언, 전할 말
次第しだい 순서, 사정, 유래(由來), 경과(經過)
論文ろんぶん 논문
参考文献さんこうぶんけん 참고 문헌
グラフ 그래프
値あたい 값, 값어치, 가치
提出ていしゅつ 제출
部数ぶすう 부수

2. 포인트 이해
修理しゅうり 수리
配達はいたつ 배달
壊こわす 부수다, 허물다, 깨뜨리다, 고장을 내다, 탈내다
受取うけとり 수취
就職しゅうしょく 취직
採用さいよう 채용
生いかす 소생시키다, 되살리다

ハード 하드, 딱딱함, 견고함

～だっけ ～였던가?

禁煙きんえん 금연

影響えいきょう 영향

断ことわる 미리 알려서 양해를 구하다, 거절하다, 사절하다

ジョギング 조깅, 천천히 달리는 일

3. 개요 이해

ネズミ 쥐

被害ひがい 피해

かじる 이로 갉다, 갉아먹다, 어떤 일을 조금 해 보다, 일부분을 알다, 조금 알다

対策たいさく 대책

そこで (앞의 말을 받아서) 그래서, 그런 까닭으로, (화제를 바꾸거나 되돌려 놓을 때) 그런데, 그러면

お問とい合あわせ 조회, 문의

到着とうちゃく 도착

空席くうせき 공석

ゲスト 게스트

節約せつやく 절약

専業主婦せんぎょうしゅふ 전업주부

きっかけ 계기, 실마리

家庭かてい 가정

工夫くふう 궁리함, 생각을 짜냄, 고안

すっかり 완전히, 매우, 아주, 남김없이, 죄다, 몽땅

実践じっせん 실천

交流会こうりゅうかい 교류회

逆ぎゃくに 거꾸로

距離きょり 거리

経たつ (시간·세월이) 지나다, 흐르다, 경과하다, (숯불·양초·기름 등이) 다 타다, 꺼지다

単調たんちょうだ 단조롭다

責任せきにん 책임

魅力みりょく 매력

4. 즉각적인 응답

～切ぎれ ～수명을 다함

～なきゃ ～なくちゃ의 축약형

お世話せわになっております 신세를 지고 있습니다

～なくちゃ ～なくては의 축약형

楽たのしみにしてる 기대하고 있어요, 楽しみにしている의 축약형

～ちゃった ～てしまった의 축약형

～ないようにする ～지 않도록 하다

少々しょうしょうお待まちください 잠시만 기다려주세요

大変たいへんご無沙汰ぶさたしております 오랫동안 연락을 못드렸습니다

相変あいかわらず 변함없이

危あぶないんだよね 위험하죠

とんでもない 뜻밖이다, 터무니없다, 당치도 않다, 있을 수 없다

恐縮きょうしゅくです 죄송합니다

申もうし訳わけございません 죄송합니다

5. 통합 이해

あいにく 공교로움

貸かし出だし 대출

思おもい切きり 단념, 체념, 마음껏, 실컷

リラックス 릴랙스, 긴장을 풂, 편안히 쉼

話題わだい 화제

触ふれ合あい 만남, 상호 접촉함, 마음이 서로 통함

肌はだ 살갗, 피부

欲張よくばり 욕심을 부림, 욕심쟁이, 욕심꾸러기

地元じもと (그 일에 직접 관계있는) 지방, 그 고장, 그 사람이 살고 있는 곳, 또는 그 사람의 세력 범위인 곳

蕎麦そば 메밀국수

新 일본어능력시험
실전
모의테스트

2장

실전과 가까운 형태의 시험문제를 풀어보는 것도 합격을 위한 효과
적인 준비 중 하나입니다.
실시기관이 발표한 문제수에 따라 만들어진 모의테스트를 풀어보고,
답 쓰는 순서나 시간 배분 훈련을 해 둡시다.
답안용지는 잘라서 사용할 수 있습니다.

模擬試験問題

N2

言語知識（文字・語彙・文法）・読解
（105分）

問題1 ＿＿＿の言葉の読み方として最もよいものを、1・2・3・4から一つ選びなさい。

1　自分の意見をはっきり述べることが大切です。
　　1　しゃべる　　　2　じゅべる　　　3　すべる　　　4　のべる

2　風邪のウイルスは湿度に弱いので、加湿器を使うといいですよ。
　　1　おんど　　　2　しつど　　　3　しんど　　　4　せんど

3　彼は、始終たばこを吸っている。
　　1　しいじゅう　　2　しじゅ　　　3　ししゅう　　　4　しじゅう

4　お湯が沸くまで、ちょっとお待ちください。
　　1　おく　　　2　たく　　　3　ふく　　　4　わく

5　生活に余裕ができたので、旅行にでも行こうか。
　　1　いりゅう　　　2　じょゆう　　　3　よゆう　　　4　よりょく

問題2 ＿＿＿の言葉を漢字で書くとき、最もよいものを、1・2・3・4から一つ選びなさい。

6　アンケートの答えはかいとう用紙に書いてください。
　　1　会答　　　2　廻答　　　3　回答　　　4　問答

7　兄はテニスで優勝し、しょうひんをもらった。
　　1　勝品　　　2　賞品　　　3　償品　　　4　将品

8　外国人の働くけんりを守らなければならない。
　　1　権利　　　2　権理　　　3　験利　　　4　権由

9　これは命にかかわる病気なので、早く病院に行くことです。
　　1　加わる　　　2　係わる　　　3　系わる　　　4　欠わる

10　食事の後で、歯をみがきます。
　　1　麻き　　　2　魔き　　　3　摩き　　　4　磨き

問題3 （　　　）に入れるのに最もよいものを、1・2・3・4から一つ選びなさい。

11　彼は仕事がうまくいかないと言って、落ち（　　　）いる。
　　1　いって　　　　　2　いれて　　　　　3　かけて　　　　　4　こんで

12　論文を提出する前に、もう一度見（　　　）たほうがいいですよ。
　　1　かけ　　　　　　2　つめ　　　　　　3　とおし　　　　　4　なおし

13　両国の首相の会談は（　　　）公式に行われた。
　　1　反　　　　　　　2　非　　　　　　　3　不　　　　　　　4　未

14　どうして（　　　）景気なのに、失業者が多く、給料は上がらないのだろう。
　　1　好　　　　　　　2　良　　　　　　　3　高　　　　　　　4　上

15　若者がお年寄りの経験（　　　）を聞くチャンスはなかなかないものだ。
　　1　史　　　　　　　2　談　　　　　　　3　物　　　　　　　4　話

問題4 （　　　）に入れるのに最もよいものを、1・2・3・4から一つ選びなさい。

16　面接は五十音（　　　）に行います。名前を呼ばれたら部屋に入ってください。
　　1　順　　　　　　　2　順序　　　　　　3　順番　　　　　　4　番号

17　あの店は、年中無休、24時間（　　　）です。
　　1　仕事　　　　　　2　開始　　　　　　3　経営　　　　　　4　営業

18　のどが乾いたから、（　　　）時間になったら飲み物を買いに行かなくっちゃ。
　　1　休憩　　　　　　2　休息　　　　　　3　休日　　　　　　4　休養

19 この会社の経営状態は（　　　）している。

　　1　安定　　　　　2　安心　　　　　3　完全　　　　　4　定着

20 ここ何日か暖かかったので、（　　　）はずれの桜が咲いた。

　　1　気温　　　　　2　期間　　　　　3　季節　　　　　4　天候

21 母の（　　　）料理は天ぷらです。

　　1　高慢　　　　　2　自慢　　　　　3　上手　　　　　4　成功

22 国道の制限（　　　）は80キロです。

　　1　規則　　　　　2　性能　　　　　3　速度　　　　　4　単位

問題5　＿＿＿＿の言葉に意味が最も近いものを、１・２・３・４から一つ選びなさい。

23 彼は法律の専門家だが、今は<u>畑違い</u>の営業でがんばっている。

　　1　同じ分野の　　　　　　　　　　2　法律分野の

　　3　さまざまな分野の　　　　　　　4　異なった分野の

24 「海外旅行をされますか。」「はい、<u>よく</u>行きます。」

　　1　がんばって　　　　　　　　　　2　たびたび

　　3　どんなところでも　　　　　　　4　よろこんで

25 地球温暖化を考えると、電気自動車が普及するのは<u>もっとも</u>だと思います。

　　1　一番だ　　　　2　最高だ　　　　3　当然だ　　　　4　よいことだ

26 大変<u>あつかましい</u>お願いですが、1,000万ほど貸していただけませんか。

　　1　こまかい　　　2　ずうずうしい　3　熱心な　　　　4　難しい

27 私たちは毎日、工場で<u>単純</u>作業をしています。

　　1　面白い　　　　2　清潔な　　　　3　簡単な　　　　4　短い

問題６　次の言葉の使い方として最もよいものを、１・２・３・４から一つ選びなさい。

28　圧縮

1　セーターを洗濯したら圧縮してしまった。

2　飛行機で行ったほうが時間の圧縮になるよ。

3　ファイルを圧縮してメールで送ってください。

4　ダイエットの効果が上がって、ウエストが圧縮した。

29　じっと

1　彼女はじっと愉快な人だった。

2　彼女はじっと座って待っていました。

3　この絵画はじっと１年かけて仕上げました。

4　この寺は江戸時代からここにじっとしている。

30　偉大

1　彼は偉大な音楽家になるでしょう。

2　大変だ。偉大なことになってしまった。

3　年末にはその年の偉大ニュースを選びます。

4　彼は太っているので、偉大なセーターを着ています。

31　解釈

1　人を、見た目で解釈してはいけないよ。

2　彼は野球の解釈者として活躍している。

3　薬の解釈をよく読んでから飲みましょう。

4　この本についてあなたの解釈を聞かせてください。

32　完了

1　ついに家が完了した。

2　会議はもう完了しました。

3　準備完了！　さあ、出発しよう。

4　私たちは目標を完了するため努力します。

問題7 次の文の（　　　　）に入れるのに最もよいものを、１・２・３・４から一つ選びなさい。

33 人の考え方や常識などは、時代（　　　）変化するものである。
　　1 に際して　　　2 につれて　　　3 に反して　　　4 の上は

34 絶滅の（　　　）野生動植物は、販売を目的として輸出入することは禁じられている。
　　1 恐れがある　　2 際の　　　　　3 最中の　　　　　4 見込みがある

35 クリスマスが終わると、デパートや商店はいっせいにお正月（　　　）商品を並べ替える。
　　1 に応じて　　　2 にこたえて　　3 に向いて　　　4 向けに

36 タンカーが衝突し、私たちの暮らしにも影響を与え（　　　）ほどの石油流出事故が起きた。
　　1 得ない　　　　2 かねない　　　3 ざるをえない　4 ようがない

37 せっかく彼女が編んでくれたセーターなのだから、少しぐらい格好が悪くても、着（　　　）よ。
　　1 ないわけだ　　　　　　　　　2 るわけではない
　　3 るわけにはいかない　　　　　4 ないわけにはいかない

38 彼のうわさを聞く（　　　）、一度会ってみたいと思う。
　　1 にしろ　　　　2 につけ　　　3 まい　　　　　4 ものか

39 その新製品を使わせてくれない（　　　）、いいか悪いか、意見の言いようがない。
　　1 うちに　　　　2 ことだから　　3 ことには　　　4 ながら

40 彼女は（　　　）日本語で自己紹介をした。
　　1 はずかしぎみに　　　　　　　2 はずかしげに
　　3 はずかしっぽく　　　　　　　4 はずかしらしく

41 7人掛けの席だから、もう少し詰めてくれれば（　　　）のだけれど……。
　　1 座らずにはいられなかった　　2 座れそうもなかった
　　3 座れないこともなかった　　　4 座れたものじゃなかった

42   政治家が脱税するなど、許し（　　　）ことだ。

   1　がたい　　　　　2　かたくない　　　3　かねない　　　　4　まずい

43   （　　　）限りの褒め言葉を書いて、彼女にメールを送った。喜んでくれたかな。

   1　書きうる　　　　2　書く　　　　　　3　書けない　　　　4　書こう

44   かわいい猫だったけれど、ふらりと（　　　）、二度と帰ってこなかった。

   1　出て行き次第　　　　　　　　　2　出て行った以上

   3　出て行ったきり　　　　　　　　4　出て行ったところ

問題8 次の文の ___★___ に入る最もよいものを、1・2・3・4から一つ選びなさい。

(問題例)

その店で ＿＿＿ ＿＿＿ ＿★＿ ＿＿＿ は川村さんです。

1 花 　　 2 買った 　　 3 を 　　 4 男性

(解答の仕方)

1．正しい文はこうです。

その店で ＿＿＿＿＿＿ ＿＿＿＿＿＿ ＿★＿＿＿ ＿＿＿＿＿ は川村さんです。

1 花 　　 3 を 　　 2 買った 　　 4 男性

2．___★___ に入る番号を解答用紙にマークします。

(解答用紙) 　　(例) ① ● ③ ④

45 私は病気がちなので、＿＿＿ ＿＿＿ ＿★＿ ＿＿＿ 薬を持っていきます。

1 この 　　　　　　　　 2 際には

3 どこかへ 　　　　　　 4 旅行する

46 5年前の ＿＿＿ ＿＿＿ ＿★＿ ＿＿＿ なったそうです。

1 盛んに 　　　　　　　 2 大地震を

3 きっかけにして 　　　 4 ボランティア活動が

47 その地域では、＿＿＿ ＿＿＿ ＿★＿ ＿＿＿ 、地質調査が行われている。

1 来年の 　　　　　　　 2 先立って

3 建設工事に 　　　　　 4 大型マンション

48 これから ＿＿＿ ＿＿＿ ＿★＿ ＿＿＿ 友達が来たので、一緒に食べることに
した。

1 食事を 　　　　　　　 2 している

3 ところに 　　　　　　 4 しようと

49　デパートで ＿＿＿ ＿＿＿ ＿★＿ ＿＿＿ 見たとたん、ワーワー泣き出した。

1　顔を　　　　　　　　　　　2　母親の

3　男の子は　　　　　　　　　4　迷子になった

問題9 次の文章を読んで、50 から 54 の中に入る最もよいものを、1・2・3・4から一つ選びなさい。

　子供たちがいっせいに飛び出してくる、芝生の上を走り回ったり、寝転んだり、においをかいでみたり。小学校の休み時間である。

　港小学校では校庭を芝生にしてから、休み時間を教室で過ごす児童が減ったという。芝生は適度に柔らかいので 50 、けがを防いだり足音を吸収したりする。湿気を含むことから 51 。冬でも裸足 (注1) で走り回る子供の姿がここにはある。また、そこに生きる生き物を観察することで、子供たちは生き物を大切にする心を学ぶ。

　芝生の手入れは地域が受け持つ。芝生を刈るのは児童や保護者 (注2) ばかりではなく、地域のボランティアである。この作業を通して地域住民のつながりが生まれ、校庭は地域コミュニティーが集う場になりつつある。小学生は 52 、近所のお年寄りたちまで芝生に集まってくるという。

　芝生には維持費の問題など解決 53 多くの問題があるが、重要なことは子供たちにとって楽しい遊び場になっていることである。このような環境はきっと 54 。

（注1）裸足：くつを履いていないこと
（注2）保護者：子供の父母など、子供を守る立場の人

50　1　足に悪く　　　　　　　　　2　足にやさしく
　　3　足が弱くなり　　　　　　　4　足が長くなり

51　1　体が乾燥してしまう
　　2　風邪を引く子供もでてくる
　　3　風邪を予防することにもなる
　　4　足が冷えてけがをすることもある

52　1　もっと　　　2　はじめ　　　3　もともと　　　4　もちろん

53　1　するべき　　　　　　　　　2　するような
　　3　しようとする　　　　　　　4　するわけにはいかない

54 1 多くの問題も生むであろう

2 子供たちのステキな遊び場を生むであろう

3 子供たちに精神的な安定を与える場になるであろう

4 子供たちに精神的なストレスを与える場になるであろう

問題10　次の文章を読んで、後の問いに対する答えとして最もよいものを、１・２・３・４から一つ選びなさい。

【10－1】

　社会というのは、基本的には見知らぬ者同士 (注1) が集まっている集合体であり、だから、そこで生きるためには、他者から何らかの形で仲間として承認される必要があります。そのための手段が、働くということなのです。働くことによって初めて「そこにいていい」という承認が与えられる。

　働くことを「社会に出る」と言い、働いている人のことを「社会人」と称します (注2) が、それは、そういう意味なのです。「一人前になる」とはそういう意味なのです。

（姜尚中『悩む力』集英社新書による）

（注１）見知らぬ者同士：互いに知らない人
（注２）称する：そういう名前で呼ぶ

55　筆者が考える「一人前になる」とはどういう意味か。
　　１　「家族と離れて一人で生活する」という意味
　　２　「見知らぬ人の中に友達ができた」という意味
　　３　「正式な名前と仕事が与えられる」という意味
　　４　「他者から、仲間として認められる」という意味

【10－2】

　私たちは、死ねば自分には何も残らないことを知りながら、<u>よりよい人生を送ろうと</u>一生懸命に努力します。それは、個人の利益を超えたところに、何か大切なものがあると信じているからです。その確信がなければ、生きることは、唯一確実な死に向かうだけの、むなしい(注1)道のりにすぎません。

　では、自分の利益を超えた大いなる価値とは何か？

　それは、同時代に生きる、あるいは未来に生きる、自分以外の他の人たちの幸せでしかありえません。

（伊藤真『続ける力』幻冬舎による）

（注1）　むなしい：内容がなくて無駄な

56　筆者は、なぜ人はよりよい人生を送ろうと努力すると言っているか。

　　1　生きているうちに、個人的に、十分な利益を得ておきたいから

　　2　自分の人生が、自分以外の人の幸せにつながると信じているから

　　3　むなしい毎日ではなく、楽しくて価値のある毎日を送りたいから

　　4　自分が死んだあとに、他の人たちに自分のことを思い出してほしいから

【10－3】

　以前、「明るい老後」を送っている高齢者の方たちに、その秘訣(注1)は何か、インタビューする調査に関わったことがある。他人からもうらやまれるようなモデル高齢者の方たちの共通点は、趣味が多くて、交際が広いこと。そして何よりの発見は、そういう暮らしぶりをしている人たちは、齢をとったから急にそういう生活を始めたわけではなく、早い時期から仕事や家族以外の趣味や交友関係を持ってきており、老後になだらかにソフトランディング(注2)していること、だった。

（上野千鶴子『老いる準備』朝日新聞出版による）

（注1）秘訣：他の人が知らない効果的な方法
（注2）ソフトランディング：激しく揺れないように静かに地面に降りること

57　「明るい老後」を送るために、筆者が大切だと考えていることは何か。

　　1　老人になったら、家族や友達との関係を深める。

　　2　老人になる前に、自分の一生の仕事を見つけておく。

　　3　老人になる前に、趣味を持ち、交際範囲を広げておく。

　　4　老人になったら、新しい仲間を作り、新しい趣味を始める。

【10－4】

　「自分でできることは自分でやる」という姿勢を貫いている人は、豊かな創造性を失うことなく、いつまでも脳を若々しい状態に保つことができる。

　脳の老化を防ぐためのノウハウ(注1)は巷(注2)にあふれているが、日常生活のこまごまとした動作をするだけでも、脳は案外いろいろな部位を使っている。料理や掃除といった家事にしても、もっとも効率よく目的を達成するために、どんな段取り(注3)で事を運べばいいのか、脳は創造性を駆使して(注4)必死で考える。その繰り返しは、知らず知らずのうちに創造性を養うトレーニングにもなっているのだ。

（茂木健一郎他『プロフェッショナルたちの脳活用法』日本放送出版協会による）

（注1）ノウハウ：やり方、know-how

（注2）巷：世間

（注3）段取り：順番を考えたり、準備したりすること

（注4）駆使する：自由にうまく使うこと

---

[58]　筆者の考える「脳を若々しい状態に保つことができる」人とは、例えばどんな人か。

　1　秘書に仕事のスケジュールをすべて管理してもらう人

　2　3つの料理を作るときに、1つずつ順番に作っていく人

　3　飛行機やホテルの予約をして、自分で出張の準備をする人

　4　先輩に教えてもらったやり方を、そのまま守って仕事する人

【10－5】

　孤食 (注1) ということが一時問題になりました。今でもその深刻な状況は続いていますが、さらに問題になっているのが、たとえ一つの食卓を囲んでいても、皆が違う物を食べる「バラバラ食」なのです。ファミリーレストランに行けば、子どもたちが頼む物がスナック (注2) であっても、高脂肪食 (注3) であっても、「だめよ」と言えない大人が多いというのは問題です。

　それ程、子どもの食事に対する親の知識や関心が薄れているのです。

（服部幸應『大人の食育』日本放送出版協会による）

（注1）孤食：家族が一緒に食事をせず、ひとりひとりが別々の時間に食べること

（注2）スナック：食事ではなく、手軽に食べられるもの

（注3）高脂肪食：脂肪(油)をたくさん含む食べ物

59　それ程とは、具体的に、どんな状態を指しているか。

1　ファミリーレストランで、子どもが自由に食べ物を頼めないほど

2　一緒に食事をする子どもが何を食べていても、親が気にしないほど

3　家で食事を作らず、毎日、ファミリーレストランで食事をするほど

4　子どもの健康に悪いのに、高脂肪食を、毎日、親が作ってしまうほど

問題11 次の文章を読んで、後の問いに対する答えとして最もよいものを、1・2・3・4 から一つ選びなさい。

【11－1】

　あいさつは、その言葉自体には意味がありません。「空が青い」「あっち行け」という短い言葉ほどの情報も含まれていません。

　ではなぜあいさつをするのかというと、その行為自体に意味があるからです。あいさつをすることで、私たちはお互いが知り合いであることを確認し合っています。

　こういう人と人をつなげる言葉の働きを、言語学ではファティックと言います。日本語では交話と訳されます。

　ファティックはあいさつだけではありません。恋人同士の会話もそうです。

　「これおいしいね」

　「おいしいわね」

　「星がきれいだね」

　「そうね」

　など、恋人同士の会話というのは、はたで聞いているとバカバカしいものばかりです。おいしいかどうかは食べればわかるし、星がきれいなのは見ればわかります。

　それでも恋人たちが会話をするのは、相手との関係を確かめ、深めたいからです。つまり、「あなたが好きだ」ということを伝えたいがために、「星がきれいだね」と言ったり、「そうね」と言ったりしているに過ぎないのです。

　実は、このファティックが①言葉の起源 (注1) ではないかと言われています。動物行動の研究によると、動物の鳴き交わし (注2) は、お互いが仲間であるということを示し合うためのものであり、これこそが人間の②言葉の原始的な姿なのではないか、と考えられているのです。

（金田一秀穂『ふしぎ日本語ゼミナール』日本放送出版協会による）

　（注1）起源：はじまり、もと

　（注2）鳴き交わし：鳥や虫、動物などが互いに鳴き合うこと

60 「あいさつ」は何のためにするのか。

1 大切な情報を伝えるため

2 お互いの知人について話すため

3 お互いに知人であることを確認するため

4 あいさつをすることには、特に意味はない

61 本文中の「恋人たちの会話」と同じものはどれか。

1 「さむいね。」—「うん、さむいね。」

2 「ご注文は？」—「コーヒー、一つ。」

3 「映画に行きませんか？」—「いいですね、行きましょう。」

4 「ゴミはゴミ箱に捨ててください。」—「はい、わかりました。」

62 筆者は、①言葉の起源や ②言葉の原始的な姿は、何だと考えられると言っているか。

1 お互いが仲間であることを確認するもの

2 お互いのいる場所や無事を確認するもの

3 「あっちへ行け」などの情報を伝えるもの

4 「おいしい」「きれい」などの感情を表すもの

【11－2】

　先日、仕事でアメリカに行って、非常に驚いたことがあります。朝の５時半に起きてホテルのジムに行ったところ、すでにほぼ満員の状態だったのです。日本のスポーツジムなら、まだオープンすらしていない時間です。

　最近、日本でもようやく「ビフォア９（午前９時前）」の使い方が重要と言われるようになりましたが、アメリカのビジネスパーソン（注1）にとっては、早朝の出社前の時間にトレーニングをしたり、あるいはブレックファースト・ミーティング（注2）を行ったりすることは、もはや①常識のようです。５時半に満員になっているジムを見て、私はアメリカ人のとてつもない（注3）パワーに圧倒される思いでした。

　日本ではまだ多くの人が、朝の時間を食事やシャワーや出勤などであわただしく過ごしています。しかし、睡眠をたっぷりとって頭がクリアに（注4）なった時間帯を、それだけで過ごしてしまうのは本当に②もったいない。

　「ビフォア９」は、私のように読書の時間にあてるのもいいですし、電話などに邪魔されることもないので、集中が必要な仕事にも向いています。あるいはトレーニングにあてれば、頭はますます冴えて（注5）きて、その日一日をアクティブに（注6）過ごすリズムをつくれます。（中略）

　朝、１～２時間早く起きることは、人生を変えると言ってもけっしておおげさではないほど、大きな資産を生んでくれる「時間投資」なのです。

（本田直之『レバレッジ時間術』幻冬舎による）

（注１）ビジネスパーソン：会社員や会社の経営者など

（注２）ブレックファースト・ミーティング：朝食をとりながらの会合

（注３）とてつもない：大変な（程度が激しい様子）

（注４）クリアになった：はっきりとした

（注５）冴える：頭や目の働きが鋭くなる

（注６）アクティブに：活動的に

63 アメリカのビジネスパーソンの間では、どのようなことが①常識になっていると、筆者は言っているか。

1 早朝に仕事の電話をすること
2 睡眠をたっぷりとること
3 ホテルで朝ごはんを食べること
4 早朝にジムでトレーニングすること

64 筆者は、どんなことが②もったいないと思っているか。

1 日本人が、朝、読書や仕事ばかりすること
2 アメリカ人が、朝の時間を仕事ばかりに使うこと
3 日本人が、朝の時間を食事やシャワーにしか使わないこと
4 アメリカ人が、朝の時間にしかトレーニングをしないこと

65 筆者が言いたいことは何か。

1 日本人も、朝早く起きて、投資の勉強をするべきだ。
2 日本人も、朝の時間を大切にして、有効に使うほうがいい。
3 日本人も、ちゃんと朝食をとってから、会社に行くべきだ。
4 日本人も、健康のことを考えて、スポーツジムに通うべきだ。

【11-3】

　モノの生産という考え方からすれば、音楽家は何も有形のものは生産しない。身体を維持していくために必要な食べ物を生産するのは農業だが、音楽というのは精神世界を満たすために必要とされるもので、そこに経済活動を絡める(注1)理論は存在しなかった。トウモロコシ(注2)の食べ物としての価値は誰でも理解できるし、①それを得るために何らかの代償(注3)が必要だという理屈(注4)も理解されやすい。

　しかし、ベートーベン(注5)の音楽の価値はすべての人に理解されるわけではないし、ましてや、それを聴かなくても人間の生死に直接の影響はない。だから、その音楽を聴くためにどれぐらいの代償が必要なのかは理論化されにくい。となると、音楽家が作曲行為や演奏行為で生活していくことは、最初から不可能になってしまうのだろうか?

　必ずしもそういうわけではないだろう。一定の法則があるわけではないが、ベートーベンの音楽にもチャイコフスキー(注5)の音楽にもトウモロコシと同じだけの、あるいはそれ以上の価値があるということを認める人はこの地球上には多いからだ。

　でも、②その人たちは一体どこにいるというのだ?

　日本にはまだ少ない。おそらく、そこが③一番の問題なのだろうと思う。

(みつとみ俊郎『オーケストラの秘密』日本放送出版協会による)

(注1) 絡める：関係させる

(注2) トウモロコシ：穀物の一種

(注3) 代償：ある目的を達する代わりに払う犠牲

(注4) 理屈：物事の筋

(注5) ベートーベン／チャイコフスキー：作曲家の名前

66 ①それとは何か。

1　音楽
2　理論
3　精神
4　食べ物

67 ②その人たちとは、どんな人たちのことか。

1　作曲行為や演奏行為で生活していく人たち
2　音楽は、人間の生死に関係がないと考える人たち
3　音楽には、食べ物ほどは価値がないと考える人たち
4　音楽には、食べ物と同じぐらい価値があると考える人たち

68 筆者は、どんなことが③一番の問題だと考えているか。

1　日本には、ベートーベンの音楽に興味のない人が多いこと
2　音楽にお金を払う価値を認める人が、日本にはまだ少ないこと
3　日本には、音楽を経済活動として理解しようとする人が多いこと
4　音楽よりも食べ物のほうが価値があると考える日本人が少ないこと

問題12 次の文章は、「相談者」からの相談と、それに対するＡとＢからの回答である。三つの文章を読んで、後の問いに対する答えとして最もよいものを、１・２・３・４から一つ選びなさい。

■相談者

　離れて暮らしている80歳の母のことでご相談します。

最近、母は、体力が落ち、身のまわりのことをするのが大変になってきたようです。友達に会いに行くのが難しくなり、寂しいと言っています。また、一人暮らしのため、具合が悪くなったらどうしようかと心配で眠れなくなることがあるそうです。

　今後、私が実家 (注1) に戻って世話をするのと、母を有料老人ホーム (注2) に入れるのと、どちらがよいかで悩んでいます。皆様のアドバイスをお願いします。

●回答者Ａ

　ご自宅のよい点は、お母様が慣れ親しんだ環境でこれまでの生活を安心して続けられることでしょう。近所のお知り合いとお茶を楽しむこともできます。ご家族の手を借りて、家事や趣味をお母様のペースで続けることも可能でしょう。最近は、訪問介護 (注3) やショートステイ (注4) などのサービスも充実してきています。それらを活用し、できる範囲で、ご自宅でお世話をしてみてはいかがでしょうか。

●回答者Ｂ

　有料老人ホームのよい点は、24時間、専門的なサービスが受けられることではないかと思います。食事は健康状態に合わせて栄養や調理法が考えられています。建物は病気や事故がないように細心の注意を払って管理されています。入浴やトイレのお手伝いもお年寄りに負担がかからないように工夫されています。もし体調を崩せば、すぐに適切な医療サービスが受けられます。お母様もホームのほうが安心なさるのではないでしょうか。

（注１） 実家：自分の生まれた家。父母の家

（注２） 有料老人ホーム：高齢者が入居して、食事や日常生活の援助が受けられるところ

（注３） 訪問介護：専門家がお年寄りの自宅を訪問し、世話をする制度

（注４） ショートステイ：お年寄りが、一時的に施設などに宿泊する制度

---

69 相談者は、何について悩んでいるのか。

1 最近、母親の体の具合が悪くなってきたこと

2 母親の身のまわりの世話をする時間がないこと

3 友達や親せきが、母親に会いに来てくれなくなったこと

4 母親が年をとり、一人で暮らすのが難しくなってきたこと

---

70 「相談者」の相談に対する「回答者Ａ、Ｂ」の答えについて、正しいのはどれか。

1 ＡもＢも、相談者が楽に生活できることが、最も大切だと考えている。

2 ＡもＢも、相談者の母親が安心して暮らせることが最も大切だと考えている。

3 Ａは母親の環境を変えないことが重要だと考え、Ｂは環境を変えることが重要だと考えている。

4 Ａは母親が相談者と一緒に暮らすことが重要だと考え、Ｂは専門家と暮らすことが重要だと考えている。

問題13 次の文章を読んで、後の問いに対する答えとして最もよいものを、1・2・3・4 から一つ選びなさい。

　最近、東京都内には、地方自治体(注1)のアンテナショップが多く見られるようになり、ちょっとした話題になっている。

　「アンテナショップ」とは、企業が新製品の売れ行きを見たり、自社製品を紹介したりするために作る店のことだが、地方自治体のアンテナショップもまた、それぞれの地域のことをたくさんの人に知ってもらうという目的で作られている。

　①このような施設は、実は10年以上前からあった。しかし、当時は、○○県東京事務所、○○県観光案内所というような名称だった。そこでは、観光案内や特産品の展示、地元の就職先の紹介などを行っていたが、店の作りは、いかにもお役所的なものだった。

　だが、最近のアンテナショップは違う。明るい店内には、きれいな観光写真が張られ、地元産の食品や工芸品が所狭しと並ぶ。特に食品類は人気で、地元の名産品や菓子はよく売れている。飲食コーナーやレストランを併設している(注2)ところもある。そこで食べられるのは、もちろん、地元の名物料理。「地元直送の食材を使った本場の味」が人気で、食事だけを目的に来店する人もいるほどだ。

　南北に細長い国土を持つ日本は、地方ごとに独特の食文化がある。それは、「沖縄料理」「鹿児島料理」「秋田料理」など、地方ごとの料理店があることでもわかるだろう。最近は、テレビの旅番組や雑誌でも、地方の名物料理が紹介されることが多い。デパートでは、よく地方の物産展をイベントとして行うが、そこは常に大盛況(注3)。また、インターネットや通信販売による「お取り寄せ」も盛んで、地元でしか手に入らない名産品を自宅に取り寄せ、いながらにして(注4)地方の味を楽しむという人も多い。

　このような　　②　　を背景に、自治体は東京にアンテナショップを開店しているのだ。（中略）だが、自治体にとって、テナント料(注5)の高い東京の一等地(注6)に出店することは、財政的に大きな負担になる。そのため、運営形態はさまざま。自治体が直接運営するのではなく、物産協会や観光協会に自治体が補助金を出す、複数の自治体が共同で運営する、など、工夫しているところも多い。しかし、運営形態は違っても、どのショップも、地元の魅力を知ってもらい、地元の品物を買ってもらおうと、一生懸命だ。

　一方、都会の消費者からみれば、アンテナショップは、手軽に地方の名産品が手に入り、旅気分が味わえる、楽しく便利な場所といえる。都会の人が地方の食文化を楽しむことができ、それで地方の商店が儲かれば、一石二鳥(注7)。アンテナショップがうまく機能していくことを期待しよう。

（『中上級のにほんご』2009年9月号 創作集団にほんごによる。一部改）

（注１）　地方自治体：県や市町村
（注２）　併設する：ほかの施設と一緒にそこに作る
（注３）　盛況：賑わっている様子
（注４）　いながらにして：移動せずに、こそにいるままで
（注５）　テナント料：そこを借りるために払う料金、家賃
（注６）　一等地：一番いい場所
（注７）　一石二鳥：一つのことで二つの利益を得ること

71　①このような施設とは、どのような施設のことか。
　　1　企業が、自分の会社の製品を紹介する施設
　　2　東京都内で、話題になっている施設
　　3　地方自治体が、自分の地方を紹介する施設
　　4　アンテナショップという名前がついた施設

72　＿＿＿＿②＿＿＿＿　にはどのような文が入るか。
　　1　地方の食文化への関心
　　2　インターネット利用者の拡大
　　3　アンテナショップの流行
　　4　海外や国内への旅行ブーム

73　筆者は、アンテナショップについてどのように考えているか。
　　1　自治体が直接運営するのではなく、観光協会が運営している点がよい。
　　2　東京にあると、高い家賃がかかるから、もったいない。
　　3　経営がうまくいって、もっとアンテナショップが増えるといい。
　　4　以前のように、観光案内や就職先の紹介をしてもらいたい。

問題14　次は、ある通信販売雑誌の配達案内のページである。下の問いに対する答えとして
最もよいものを、１・２・３・４から一つ選びなさい。

<u>74</u>　９月１日にソファを申し込んだ人は、配達日をどのように指定できるか。

１　９月８日以降の日時が指定できる。

２　９月15日以降の日時が指定ができる。

３　配達日は指定できないが、２週間以内に配達してもらえる。

４　９月15日以降の配達日が指定できるが、時間は指定できない。

<u>75</u>　誕生日プレゼント用に包んでほしい人がファックスで申し込む場合、申し込み用紙に
どのように書くか。

１　申込書に自分の住所と電話番号を書き、備考欄に相手の誕生日を書く。

２　申込書の「贈り物」に○をつけ、相手の住所を書いて、備考欄に自分の電話番号を
書く。

３　申込書に相手の住所と電話番号を書き、備考欄に自分の電話番号と「誕生日包装希
望」と書く。

４　申込書の「贈り物」に○をつけ、相手の電話番号を書いて、備考欄に「誕生日包装
希望」と書く。

商品のお届けについて

お届け予定

・お申し込みから1週間前後で配達します。

・家具や電化製品などの大型商品は、2週間以上かかります。

・お申し込み商品が2個以上の場合、別々にお届けする場合があります。

配達曜日・時間帯の指定

配達日の日時指定は、お申込み日から1週間目以降となります。

〈時間帯指定〉　❶ 午前中　　　　❷ 12：00 ～ 14：00　　❸ 14：00 ～ 16：00
　　　　　　　　❹ 16：00 ～ 18：00　❺ 18：00 ～ 20：00　　❻ 20：00 ～ 21：00

贈り物の配達

・商品は贈り先(注1)へ配達し、振込用紙はお申し込みになった方へお送りします。

・お電話でのお申し込み：お届け先をお話しください。

・インターネットでのお申し込み：所定欄にご入力ください。

・ハガキ・FAX でのお申し込み：申込書の「贈り物」に○をつけてください。

　贈り先の電話番号を必ずお書きください。

※誕生日やクリスマスプレゼント用の特別包装をご希望の場合

　・お電話でのお申し込み：特別包装希望とお伝えください。

　・インターネットでのお申し込み：所定欄にご入力ください。

　・ハガキ・FAX でのお申し込み：備考欄に「誕生日（クリスマス）包装希望」

　　とお書きください。

大型商品の配達

・家具や電化製品等の大型商品は、配達員がご希望の場所に設置いたします。

・窓やベランダから吊り上げて搬入する場合は、別に料金がかかります。

商品お届けについてのお問い合わせ先：0120-123- ○○○

（注1）贈り先：贈る相手

模擬試験問題

N2

聴解
(50分)

청해

もんだい
問題1

問題1では、まず質問を聞いてください。それから話を聞いて、問題用紙の1から4の中から、正しい答えを一つ選んでください。

1番

1　携帯に電話をかける
2　携帯にメールを送る
3　直接、家に電話をかける
4　パソコンにメールを送る

2番

ア　折りたたみ傘　　イ　靴　　ウ　長靴

エ　セーター　　オ　上着

1　ア　イ
2　ア　エ
3　イ　エ
4　ウ　オ

3番

1 用紙を出して、外国人登録証を再発行してもらう

2 用紙を出して、クレジットカードをなくしたことを言う

3 用紙を出して、財布を落とした場所を説明する

4 用紙を出して、財布の色や形・大きさを説明する

4番

ア	プロジェクター
イ	資料
ウ	カタログ
エ	ポスター
オ	お茶と紙コップ

1 ア イ ウ

2 ア ウ エ

3 イ ウ エ

4 ウ エ オ

5番^{ばん}

ア　お弁当^{べんとう}

イ　おにぎり

ウ　お茶^{ちゃ}

エ　コーヒー

オ　サンドイッチ

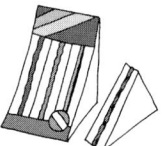

1　ア　エ

2　イ　ウ

3　ウ　オ

4　エ　オ

もんだい
問題2

問題2では、まず質問を聞いてください。そのあと、問題用紙の選択枝を読んでください。読む時間があります。それから話を聞いて、問題用紙の1から4の中から、正しい答えを一つ選んでください。

1番

1 おしゃれに見えるから
2 使いやすくて便利だから
3 部屋を広く使えるから
4 本だなを移動したいから

2番

1 授業中に追試の申し込みをした場合
2 先週の授業を休んだ人がいた場合
3 追試を受ける人があと1人いた場合
4 追試を3回のうち2回受けた場合

3番

1 材料がしんせんだ
2 パスタがおいしい
3 値段が安い
4 店のふんいきがいい

4番

1 2番のバスに乗って、丸山町で降りる

2 2番のバスに乗って、北口で降りる

3 5番のバスに乗って、南口で降りる

4 5番のバスに乗って、東口で降りる

5番

1 ゴルフに行っていたから

2 残業していたから

3 仕事の相談をしていたから

4 送別会があったから

6番

1 5時30分ごろ

2 6時30分ごろ

3 7時ごろ

4 7時30分ごろ

もんだい
問題3

問題3では、問題用紙に何も印刷されていません。まず話を聞いてください。それから、質問と選択枝を聞いて、1から4の中から、正しい答えを一つ選んでください。

― メモ ―

もんだい
問題4

問題4では、問題用紙に何も印刷されていません。まず、文を聞いてください。それから、それに対する返事を聞いて、1から3の中から、正しい答えを一つ選んでください。

— メモ —

問題5
_{もんだい}

問題5では長めの話を聞きます。
_{もんだい} _{なが} _{はなし} _き

1番
_{ばん}

まず、話を聞いてください。それから、二つの質問を聞いて、それぞれ問題用紙の1から
_{はなし} _き _{ふた} _{しつもん} _き _{もんだいようし}
4の中から、正しい答えを一つ選んでください。
_{なか} _{ただ} _{こた} _{ひと} _{えら}

質問1
_{しつもん}

1　3階
_{がい}

2　5階
_{かい}

3　7階
_{かい}

4　11階
_{かい}

質問2
_{しつもん}

1　3階
_{がい}

2　5階
_{かい}

3　7階
_{かい}

4　11階
_{かい}

2番

まず、話を聞いてください。それから、質問を聞いて、問題用紙の1から4の中から、正しい答えを一つ選んでください。

1　月曜日と土曜日
2　水曜日と土曜日
3　水曜日と日曜日
4　土曜日と日曜日

3番

問題用紙に何も印刷されていません。まず話を聞いてください。それから、質問と選択枝を聞いて、1から4の中から、正しい答えを一つ選んでください。

― メモ ―

N2 言語知識（文字・語彙・文法）・読解　解答用紙

名　前
Name

問題 1

	①	②	③	④
1	①	②	③	④
2	①	②	③	④
3	①	②	③	④
4	①	②	③	④
5	①	②	③	④

問題 2

	①	②	③	④
6	①	②	③	④
7	①	②	③	④
8	①	②	③	④
9	①	②	③	④
10	①	②	③	④

問題 3

	①	②	③	④
11	①	②	③	④
12	①	②	③	④
13	①	②	③	④
14	①	②	③	④
15	①	②	③	④

問題 4

	①	②	③	④
16	①	②	③	④
17	①	②	③	④
18	①	②	③	④
19	①	②	③	④
20	①	②	③	④
21	①	②	③	④
22	①	②	③	④

問題 5

	①	②	③	④
23	①	②	③	④
24	①	②	③	④
25	①	②	③	④
26	①	②	③	④
27	①	②	③	④

問題 6

	①	②	③	④
28	①	②	③	④
29	①	②	③	④
30	①	②	③	④
31	①	②	③	④
32	①	②	③	④

問題 7

	①	②	③	④
33	①	②	③	④
34	①	②	③	④
35	①	②	③	④
36	①	②	③	④
37	①	②	③	④
38	①	②	③	④
39	①	②	③	④
40	①	②	③	④
41	①	②	③	④
42	①	②	③	④
43	①	②	③	④
44	①	②	③	④

問題 8

	①	②	③	④
45	①	②	③	④
46	①	②	③	④
47	①	②	③	④
48	①	②	③	④
49	①	②	③	④

問題 9

	①	②	③	④
50	①	②	③	④
51	①	②	③	④
52	①	②	③	④
53	①	②	③	④
54	①	②	③	④

問題 10

	①	②	③	④
55	①	②	③	④
56	①	②	③	④
57	①	②	③	④
58	①	②	③	④
59	①	②	③	④

問題 11

	①	②	③	④
60	①	②	③	④
61	①	②	③	④
62	①	②	③	④
63	①	②	③	④
64	①	②	③	④
65	①	②	③	④
66	①	②	③	④
67	①	②	③	④
68	①	②	③	④

問題 12

	①	②	③	④
69	①	②	③	④
70	①	②	③	④

問題 13

	①	②	③	④
71	①	②	③	④
72	①	②	③	④
73	①	②	③	④

問題 14

	①	②	③	④
74	①	②	③	④
75	①	②	③	④

N2 聴解 解答用紙

名前
Name

問題 1

	①	②	③	④
1	①	②	③	④
2	①	②	③	④
3	①	②	③	④
4	①	②	③	④
5	①	②	③	④

問題 2

	①	②	③	④
1	①	②	③	④
2	①	②	③	④
3	①	②	③	④
4	①	②	③	④
5	①	②	③	④
6	①	②	③	④

問題 3

	①	②	③	④
1	①	②	③	④
2	①	②	③	④
3	①	②	③	④
4	①	②	③	④
5	①	②	③	④

問題 4

	①	②	③
1	①	②	③
2	①	②	③
3	①	②	③
4	①	②	③
5	①	②	③
6	①	②	③
7	①	②	③
8	①	②	③
9	①	②	③
10	①	②	③
11	①	②	③
12	①	②	③

問題 5

		①	②	③	④
1	1	①	②	③	④
	2	①	②	③	④
2		①	②	③	④
3		①	②	③	④

모의테스트 정답
언어지식(문자·어휘·문법)·독해

問題 1

1	④
2	②
3	④
4	④
5	③

問題 2

6	③
7	②
8	①
9	①
10	④

問題 3

11	④
12	④
13	②
14	①
15	②

問題 4

16	①
17	④
18	①
19	①
20	③
21	②
22	③

問題 5

23	④
24	①
25	③
26	②
27	③

問題 6

28	③
29	②
30	①
31	④
32	③

問題 7

33	②
34	①
35	②
36	②
37	④
38	③
39	②
40	③
41	③
42	①
43	①
44	③

問題 8

45	②
46	③
47	③
48	②
49	②

問題 9

50	②
51	③
52	④
53	①
54	③

問題 10

55	④
56	①
57	②
58	②
59	②

問題 11

60	③
61	①
62	①
63	④
64	③
65	②
66	①
67	③
68	②

問題 12

69	④
70	②

問題 13

71	③
72	①
73	③

問題 14

74	②
75	④

청해

問題 1

1	①
2	②
3	④
4	③
5	①

問題 2

1	②
2	③
3	①
4	③
5	④
6	②

問題 3

1	③
2	③
3	①
4	②
5	④

問題 4

1	①
2	②
3	③
4	③
5	③
6	③
7	③
8	②
9	②
10	①
11	③
12	②

問題 5

1 (1)	④
1 (2)	②
2	②
3	①

모의테스트 번역

〈언어지식 · 독해〉

문제1 밑줄 친 단어의 읽는 법으로 가장 알맞은 것을 1·2·3·4 중에서 하나 선택하시오.

☐1☐ 자신의 의견을 분명하게 말하는 것이 중요합니다.
   4 のべる

☐2☐ 감기 바이러스는 습도에 약하므로 가습기를 쓰면 좋습니다.
   2 しつど

☐3☐ 그는 시종 담배를 피우고 있다.
   4 しじゅう

☐4☐ 물이 끓을 때까지 조금 기다려 주십시오.
   4 わく

☐5☐ 생활에 여유가 생겼으니 여행이라도 갈까?
   3 よゆう

문제2 밑줄 친 단어를 한자로 쓸 때 가장 알맞은 것을 1·2·3·4 중에서 하나 선택하시오.

☐6☐ 앙케트 답변은 회답용지에 써주세요.
   3 回答

☐7☐ 형은 테니스에서 우승해서 상품을 받았다.
   2 賞品

☐8☐ 외국인의 일할 권리를 지키지 않으면 안 된다.
   1 権利

☐9☐ 이것은 생명에 관계되는 병이므로 빨리 병원에 가야 합니다.
   2 係わる

☐10☐ 식사 후에 이를 닦습니다.
   4 磨き

문제3 ( )에 넣기에 가장 적합한 말을 1·2·3·4 중에서 하나 선택하시오.

☐11☐ 그는 일이 잘 되지 않는다며 ( ) 있다.
   1 안정되어   2 (잘못된 표현)
   3 (잘못된 표현)   4 침울해져

☐12☐ 논문을 제출하기 전에 다시 한 번 ( ) 보는 것이 좋습니다.
   1 눈에 띄어   2 주시해
   3 처음부터 끝까지   4 다시

☐13☐ 양국 수상의 회담은 ( )공식으로 행해졌다.
   1 반   2 비   3 불   4 미

☐14☐ 어째서 ( )경기인데도 실업자가 많고 급료는 오르지 않는 걸까?
   1 호   2 양   3 고   4 상

☐15☐ 젊은이가 노인의 경험( )을 들을 기회는 좀처럼 없는 법이다.
   1 사   2 담   3 물   4 화

문제4 ( )에 넣기에 가장 적합한 말을 1·2·3·4 중에서 하나 선택하시오.

☐16☐ 면접은 50음도 ( )으로 진행합니다. 이름이 불리우면 방으로 들어가 주세요.
   1 순   2 순서   3 순번   4 번호

☐17☐ 저 가게는 연중무휴 24시간 ( )입니다.
   1 일   2 개시   3 경영   4 영업

☐18☐ 목이 마르니 ( ) 시간이 되면 마실 것을 사러 가야지.
   1 휴게   2 휴식   3 휴일   4 휴양

☐19☐ 이 회사의 경영상태는 ( )되어 있다.
   1 안정   2 안심   3 완전   4 정착

20 요 며칠간 따뜻했기 때문에 (　　)에 맞지 않는 벚꽃이 피었다.

1 기온　　2 기간　　3 계절　　4 날씨

21 어머니의 (　　) 요리는 튀김입니다.

1 거만한　　2 자신있는　3 잘하는　　4 성공

22 국도의 제한 (　　)는 80킬로미터입니다.

1 규칙　　2 성능　　3 속도　　4 단위

문제5　밑줄 친 말의 의미와 가장 가까운 표현을 1·2·3·4 중에서 하나 선택하시오.

23 그는 법률 전문가이나, 지금은 다른 분야인 영업에서 힘쓰고 있다.

1 같은 분야인　　　　2 법률분야인
3 여러 가지 분야인　　4 다른 분야인

24 "해외 여행을 가십니까?" "네, 자주 갑니다."

1 열심히　　　　　　2 번번이
3 어떤 곳이라도　　　4 기꺼이

25 지구온난화를 생각하면 전기 자동차가 보급되는 것은 당연하다고 생각합니다.

1 제일이다　　　　　2 최고다
3 당연하다　　　　　4 좋은 일이다

26 대단히 염치없는 부탁입니다만, 1,000만 정도 빌려주실 수 없을까요?

1 세심한　　　　　　2 뻔뻔한
3 열심인　　　　　　4 어려운

27 우리는 매일 공장에서 단순 작업을 하고 있습니다.

1 재미있는　　　　　2 청결한
3 간단한　　　　　　4 짧은

문제6　다음 어휘의 사용법이 가장 알맞은 것을 1·2·3·4 중에서 하나 선택하시오.

28 圧縮(압축)

1 스웨터를 빠니까 압축되어버렸다.
2 비행기로 가는 편이 시간이 압축돼.
3 파일을 압축해서 메일로 보내주세요.
4 다이어트 효과가 높아져서 허리둘레가 압축됐다.

29 じっと (가만히, 지긋이)

1 그녀는 가만히 유쾌한 사람이었다.
2 그녀는 가만히 앉아 기다리고 있었습니다.
3 그 회화는 가만히 1년에 걸쳐 완성했습니다.
4 이 절은 에도시대부터 여기에 가만히 있다.

30 偉大(위대)

1 그는 위대한 음악가가 되겠지요.
2 큰일이다. 위대한 일이 되어버렸다.
3 연말에는 그 해의 위대한 뉴스를 뽑습니다.
4 그는 뚱뚱해서 위대한 스웨터를 입습니다.

31 解釈(해석)

1 사람을 외모로 해석하면 안 돼.
2 그는 야구 해석자로 활약하고 있다.
3 약의 해석을 잘 읽고 먹읍시다.
4 이 책에 대해 당신의 해석을 들려주세요.

32 完了(완료)

1 드디어 집이 완료되었다.
2 회의는 이미 완료되었습니다.
3 준비 완료! 자, 출발하자.
4 우리는 목표를 완료하기 위해 노력합니다.

문제7　다음 문장의 (　) 안에 들어갈 가장 적당한 것을 1·2·3·4 중에서 하나 선택하시오.

33 사람의 사고방식이나 상식 등은 시대(　　) 변화하는 것이다.

1 ～에 즈음하여　　　2 ～에 따라
3 ～에 반하여　　　　4 ～의 위는

34 멸종 (　　　) 야생동식물은 판매를 목적으로 수출입하는 것은 금지되어 있다.
1 우려가 있는　　　　2 때의
3 한창 ~인　　　　4 전망이 있는

35 크리스마스가 끝나면, 백화점과 상점은 일제히 설(　　　) 상품을 바꿔 진열한다.
1 ~에 응해　　　　2 ~에 대답하여
3 ~를 향해　　　　4 ~용으로

36 유조선이 충돌해서, 우리의 생활에도 영향을 끼치지 (　　　) 정도의 석유 유출 사고가 일어났다.
1 ~할 수 없는　　　　2 ~하기 쉬운
3 ~않을 수 없는　　　　4 ~할 방법이 없는

37 모처럼 여자 친구가 짜 준 스웨터라서 조금 모양이 이상해도 입(　　　).
1 ~않을 법하다　　　　2 ~인 것은 아니다
3 ~일 수 없다　　　　4 ~지 않을 수 없다

38 그의 소문을 듣(　　　) 한번 만나보고 싶다.
1 ~이든　　　　2 ~할 때마다
3 ~않을 것이다　　　　4 ~하나 봐라

39 그 신제품을 쓰게 해주지 않기 (　　　) 좋은지 나쁜지 의견을 말할 수가 없다.
1 ~사이에　　　　2 ~이기 때문에
3 ~인 것에는　　　　4 ~하면서

40 그녀는 (　　　) 일본어로 자기소개를 했다.
1 (잘못된 표현)　　　　2 부끄러운듯
3 (잘못된 표현)　　　　4 (잘못된 표현)

41 7인석이니까 조금 더 좁혀서 앉아준다면 (　　　) 인데.
1 앉지 않고서는 참을 수 없었다
2 앉을 수도 없었다
3 못 앉을 것도 없었다
4 앉을 수 있었던 것이 아니었다

42 정치가가 탈세하는 건 용서(　　　) 일이다.
1 ~하기 어려운　　　　2 어렵지 않은
3 ~하기 쉬운　　　　4 곤란한

43 (　　　) 한의 칭찬을 써서, 그녀에게 메일을 보냈다. 기뻐해 주었으려나?
1 쓸 수 있는　　　　2 쓰는
3 쓸 수 없는　　　　4 쓰려고

44 귀여운 고양이였지만 훌쩍 (　　　) 두 번 다시 돌아오지 않았다.
1 나가는대로　　　　2 나간 이상
3 나간 채　　　　4 나가봤자

문제8 다음 문장의 ＿★＿에 들어갈 적당한 말을 1·2·3·4 중에서 하나 고르시오.

45 저는 잘 아파서 ＿＿＿ ＿＿＿ ＿★＿ ＿＿＿ 약을 가지고 갑니다.
(저는 잘 아파서 어딘가로 여행할 때에는 이 약을 가지고 갑니다.)
1 이　　　　2 때에는
3 어딘가로　　　　4 여행할

46 5년 전의 ＿＿＿ ＿＿＿ ＿★＿ ＿＿＿ 되었다고 합니다.
(5년 전의 대지진을 계기로 하여 자원봉사 활동이 왕성하게 되었다고 합니다.)
1 왕성하게　　　　2 대지진을
3 계기로 하여　　　　4 자원봉사 활동이

47 이 지역에서는 ＿＿＿ ＿＿＿ ＿★＿ ＿＿＿ 지질조사가 이뤄지고 있다.
(이 지역에서는 내년의 대형 맨션 건설공사에 앞서 지질조사가 이뤄지고 있다.)
1 내년의　　　　2 앞서
3 건설공사에　　　　4 대형 맨션

48 이제부터 ＿＿＿ ＿＿＿ ＿★＿ ＿＿＿, 친구가 와서 같이 먹기로 했다.
(이제부터 식사를 하려고 하고 있는 찰나에 친구가 와서 같이 먹기로 했다.)
1 식사를　　　　2 하고 있는
3 찰나에　　　　4 하려고

49 백화점에서 ＿＿＿ ＿＿＿ ＿★＿ ＿＿＿ 보자

마자 엉엉 울기 시작했다.

(백화점에서 미아가 된 남자 아이는 엄마의 얼굴을 보자마자 엉엉 울기 시작했다.)

1 얼굴을   2 엄마의

3 남자 아이는   4 미아가 된

문제9 다음 글을 읽고 50 에서 54 안에 들어갈 가장 알맞은 것을 1·2·3·4 중에서 하나 고르시오.

> 아이들이 일제히 뛰어나온다. 잔디밭 위를 뛰어다니거나 뒹굴거나 냄새를 맡아보거나 한다. 초등학교의 쉬는 시간이다.
>
> 미나토 초등학교에서는 교정을 잔디밭으로 하고 나서, 쉬는 시간을 교실에서 보내는 아동이 줄었다고 한다. 잔디밭은 적당히 부드러워서 50 , 다치는 것을 막거나 발소리를 흡수하기도 한다. 습기를 머금고 있어서 51 . 겨울에도 맨발로 뛰어다니는 아이의 모습을 이곳에서는 볼 수 있다. 또, 그곳에 사는 생물을 관찰함으로써 아이들은 생물을 소중히 여기는 마음을 배운다.
>
> 잔디밭 손질은 지역이 담당한다. 잔디를 깎는 것은 아동과 보호자뿐 아니라 지역의 봉사자들이다. 이 작업을 통해 지역 주민의 유대가 생겨, 교정은 지역 커뮤니티가 모이는 장소가 되어가고 있다. 초등학생은 52 , 근처의 노인들까지 잔디밭으로 모여든다고 한다.
>
> 잔디밭에는 유지비 문제 등 해결 53 많은 문제가 있지만, 중요한 것은 아이들에게 즐거운 놀이터가 되고 있는 것이다. 이러한 환경은 분명 54 .

(주1) 맨발 : 신발을 신고 있지 않은 것

(주2) 보호자 : 아이의 부모 등 아이를 지키는 입장의 사람

50   1 발에 나쁘고   2 발을 보호하고

     3 발이 약해지고   4 발이 길어지고

51   1 몸이 건조해진다

     2 감기에 걸리는 아이도 생긴다

     3 감기를 예방하는 것도 된다

     4 발이 차가워져 다치는 경우도 있다

52   1 더욱   2 처음

     3 원래   4 물론

53   1 해야 하는

     2 하는 듯한

     3 하려고 하는

     4 할 수는 없는

54   1 많은 문제도 낳을 것이다

     2 아이들의 멋진 놀이터를 낳을 것이다

     3 아이들에게 정신적인 안정을 주는 장소가 될 것이다

     4 아이들에게 정신적인 스트레스를 주는 장소가 될 것이다

문제10 다음 글을 읽고 뒤의 물음에 대한 답으로 가장 알맞은 것을 1·2·3·4 중에서 하나 고르시오.

【10-1】

사회라고 하는 것은, 기본적으로는 낯선 사람들끼리 모여 있는 집합체이고, 그래서 거기에서 살아가기 위해서는 타자로부터 어떠한 형태로 동료로서 승인받을 필요가 있습니다. 그러기 위한 수단이, 일한다고 하는 것입니다. 일을 함에 따라 비로소 '거기 있어도 좋다'라는 승인이 주어집니다.

일하는 것을 '사회에 나간다'고 하여, 일하는 사람을 '사회인'이라고 칭합니다만, 그것은 그러한 의미인 것입니다. '제 몫을 하게 되다'란 그러한 의미인 것입니다.

(주1) 낯선 사람들끼리 : 서로 모르는 사람

(주2) 칭하다 : 그러한 이름으로 부름

55   필자가 생각하는 '제 몫을 하게 되다'란 무슨 뜻인가?

     1 '가족과 떨어져 혼자서 생활하다'라는 뜻

     2 '모르는 사람 중에 친구가 생겼다'라는 뜻

     3 '정식적인 이름과 일이 주어지다'라는 뜻

     4 '타자로부터 동료로서 인정받다'라는 뜻

【10-2】

우리들은 죽으면 자신에게는 아무것도 남지 않는다는 것을 알면서도 보다 나은 인생을 보내려고 열심히 노력합니다. 그것은, 개인의 이익을 넘어선 곳에 무엇인가 소중한 것이 있다고 믿고 있기 때문입니다. 그 확신이 없으

면 살아가는 일은, 유일하게 확실한 죽음으로 향할 뿐인 헛된 도정에 지나지 않습니다.

그럼, 자신의 이익을 넘어선 큰 가치라는 것은 무엇일까?

그것은 동시대를 사는, 혹은 미래를 사는, 자신 외의 다른 사람들의 행복일 뿐입니다.

(주1) 허무하다 : 내용이 없이 헛되다

56 필자는 왜 사람은 <u>보다 나은 인생을 보내려고</u> 노력한다고 말하고 있는가?

1 살아있는 동안 개인적으로 충분한 이익을 얻어두고 싶어서

2 자신의 인생이 자신 외의 사람의 행복으로 연결된다고 믿고 있기 때문에

3 헛된 매일이 아닌, 즐겁고 가치 있는 매일을 보내고 싶어서

4 자신이 죽은 뒤에 다른 사람들이 자신을 떠올려 줬으면 해서

【10-3】

얼마 전에, '밝은 노후'를 보내고 있는 고령자 분들에게 그 비결은 무엇인가 인터뷰하는 조사에 참여한 적이 있다. 다른 사람들로부터도 부러움을 살 만한 모델 고령자 분들의 공통점은 취미가 많고 교제범위가 넓은 것. 그리고 무엇보다도 큰 발견은 그러한 생활 방식을 하고 있는 사람들은 나이를 먹었다고 갑자기 그러한 생활을 시작한 것이 아니라, 일찍부터 일과 가족 이외의 취미나 교우관계를 가져와, 노후에 평온하게 소프트 랜딩을 하고 있는 것이었다.

(주1) 비결 : 다른 사람이 모르는 효과적인 방법

(주2) 소프트 랜딩 : 격하게 흔들리지 않도록 고요히 지면에 내리는 것

57 '밝은 노후'를 보내기 위해 필자가 중요하게 생각하는 것은 무엇인가?

1 노인이 되면 가족이나 친구와의 관계를 깊게 한다.

2 노인이 되기 전에 자신의 평생 일을 발견해 둔다.

3 노인이 되기 전에 취미를 가져 교제범위를 넓혀 둔다.

4 노인이 되면 새로운 친구를 만들고 새로운 취미를 시작한다.

【10-4】

'스스로 할 수 있는 일은 스스로 한다'라는 자세를 관철시키고 있는 사람은 풍부한 창조성을 잃어버리는 일 없이, 언제까지나 뇌를 젊은 상태로 유지할 수 있다.

뇌의 노화를 막기 위한 노하우는 항간에 넘쳐 나고 있지만 일상생활의 자질구레한 동작을 하는 것만으로도 뇌는 의외로 여러 부위를 사용하고 있다. 요리나 청소라는 집안일도 더욱 효율적으로 목적을 달성하기 위해 어떠한 순서로 일을 추진시키면 좋을지, 뇌는 창조성을 구사해서 필사적으로 생각한다. 그러한 반복은 모르는 사이에 창조성을 기르는 훈련도 되고 있는 것이다.

(주1) 노하우 : 방법

(주2) 항간 : 세간

(주3) 절차 : 순번을 생각하거나 준비하는 일

(주4) 구사하다 : 자유롭게 잘 사용하는 것

58 필자가 생각하는 '뇌를 젊은 상태로 유지할 수 있는' 사람이란, 예를 들면 어떤 사람인가?

1 비서가 업무 스케줄을 모두 관리해 주는 사람

2 세 가지 요리를 만들 때 하나씩 순서대로 만들어 가는 사람

3 비행기나 호텔을 예약해서 스스로 출장 준비를 하는 사람

4 선배한테 배운 방법을 그대로 지켜 일하는 사람

【10-5】

고식이라는 것이 한때 문제가 되었습니다. 지금도 그 심각한 상황은 계속되고 있습니다만 더욱 문제가 되고 있는 것이, 만약 하나의 식탁에 둘러 앉아 있어도 모두 다른 것을 먹는 '뿔뿔이 식사'입니다. 패밀리 레스토랑에 가면 아이들이 주문하는 것이 스낵이든 고지방식이든, '안 돼'라고 하지 못하는 어른이 많다는 것은 문제입니다.

<u>그 정도로</u> 아이들의 식사에 대한 부모의 지식이나 관심이 덜해지고 있습니다.

(주1) 고식 : 가족이 함께 식사하지 않고, 한 사람 한 사람이 각각의 시간에 먹는 것

(주2) 스낵 : 식사가 아닌, 손쉽게 먹을 수 있는 것

(주3) 고지방식 : 지방(기름)을 많이 함유한 음식

59 그 정도란, 구체적으로 어떤 상태를 가리키고 있는가?
   1 패밀리 레스토랑에서 아이가 자유롭게 음식을 주문하지 못할 정도
   2 같이 식사를 하는 아이가 무엇을 먹고 있어도 부모가 신경 쓰지 않을 정도
   3 집에서 밥을 하지 않고 매일 패밀리 레스토랑에서 식사를 할 정도
   4 아이의 건강에 나쁜데도, 고지방식을 매일 부모가 만들 정도

문제11 다음 글을 읽고 뒤의 물음에 대한 답으로 가장 알맞은 것을 1·2·3·4 중에서 하나 고르시오.

【11-1】
 인사는 그 말 자체에는 의미가 없습니다. '하늘이 파랗다', '저리 가'라는 짧은 말만큼의 정보도 포함되어 있지 않습니다.
 그럼 왜 인사를 하는가 하면, 그 행위 자체에 의미가 있기 때문입니다. 인사를 함으로써, 우리는 서로가 아는 사이라는 것을 서로 확인하고 있습니다.
 이러한 사람과 사람을 잇는 말의 기능을 언어학에서는 phatic이라고 합니다. 일본어로는 교화라고 번역됩니다.
 phatic은 인사뿐만 아닙니다. 연인끼리의 대화도 그렇습니다.
 '이거 맛있다'
 '맛있네'
 '별이 예쁘네'
 '그렇네'
처럼 연인끼리의 대화라는 것은 옆에서 듣고 있으면 바보 같은 것뿐입니다. 맛있는지 어떤지는 먹으면 알고, 별이 예쁜 것은 보면 압니다.
 그래도 연인들이 대화를 하는 것은 상대방과의 관계를 확인하고 깊게 하고 싶기 때문입니다. 즉, '당신을 사랑한다'라는 것을 전하기 위해 '별이 예쁘네'라고 말하거나 '그렇네'라고 말하는 것에 지나지 않는 것입니다.
 실은, 이 phatic이 ①말의 기원이 아닐까라고들 합니다. 동물행동 연구에 따르면 동물들이 울음소리를 주고받는 것은 서로가 무리라는 것을 서로 표현하기 위한 것이며, 이것이야말로 인간 ②말의 원시적인 모습이 아닐까 생각되고 있습니다.

(주1) 기원 : 시작, 근원
(주2) 울음소리를 주고 받음 : 새와 곤충, 동물 등이 서로 우는 것

60 '인사'는 무엇을 위해 하는가?
   1 중요한 정보를 전하기 위해
   2 서로의 지인에 대해 이야기하기 위해
   3 서로 지인인 것을 확인하기 위해
   4 인사를 하는 것에는 특별한 의미는 없음

61 본문 중의 '연인들의 대화'와 같은 것은 어느 것인가?
   1 "춥다." - "응, 춥네."
   2 "주문하시겠습니까?" - "커피 한 잔이요."
   3 "영화 보러 가지 않을래요?" - "좋아요, 갑시다."
   4 "쓰레기는 쓰레기통에 버려주세요."
    - "네, 알겠습니다."

62 필자는 ①말의 기원이나 ②말의 원시적인 모습은 무엇이라 생각된다고 말하고 있는가?
   1 서로가 무리인 것을 확인하는 것
   2 서로가 있는 장소나 무사함을 확인하는 것
   3 '저리 가' 같은 정보를 전하는 것
   4 '맛있다', '예쁘다' 같은 감정을 나타내는 것

【11-2】
 얼마 전 일 때문에 미국에 갔다가 굉장히 놀란 일이 있습니다. 아침 5시 반에 일어나 호텔 헬스장에 가보니 이미 거의 만원 상태였던 것입니다. 일본의 스포츠센터라면 아직 오픈조차 하지 않았을 시간입니다.
 최근, 일본에서도 점차 'before 9(오전 9시 전)' 사용법의 중요성이 거론되고 있습니다만, 미국의 비즈니스맨들에게, 이른 아침 출근 전 시간에 트레이닝을 하거나 혹은 아침식사 미팅을 하는 일은 이제는 ①상식인 듯합니다. 5시 반에 만원이 된 헬스장을 보고 저는 미국인의 엄청난 파워에 압도되는 기분이었습니다.
 일본에서는 아직 많은 사람이 아침시간을 식사나 샤워나 출근 등으로 정신없이 보내고 있습니다. 그러나, 수면을 충분히 취해서 머리가 맑은 시간대를 그것만으로 보내버리는 것은 정말 ②아깝습니다.
 'before 9'은 저처럼 독서의 시간으로 사용하는 것도 좋고 전화 등으로 방해받는 일도 없으므로 집중이 필요한 일에도 알맞습니다. 혹은 트레이닝에 사용하면 머리

는 점점 더 맑아져, 그 날 하루를 활동적으로 보낼 리듬을 만들 수 있습니다. (중략)

아침에 1~2시간 일찍 일어나는 것은 인생을 바꾼다고 해도 결코 과언이 아닐 만큼 큰 자산을 낳아주는 '시간투자'입니다.

(주1) business person : 회사원이나 회사의 경영자 등

(주2) breakfast meeting : 아침식사를 하면서 갖는 회합

(주3) 당치않다, 터무니없다 : 매우, 무척(정도가 심한 모양)

(주4) 맑은 : 개운한

(주5) (두뇌가) 맑아지다 : 머리나 눈의 활동(기능)이 예리해지다

(주6) 액티브하게 : 활동적으로

63 미국의 직장인들 사이에서는 어떤 것이 ①상식이 되었다고 필자는 말하고 있는가?

1 이른 아침에 업무상 전화를 하는 것

2 수면을 충분히 취하는 것

3 호텔에서 아침밥을 먹는 것

4 이른 아침에 헬스장에서 트레이닝하는 것

64 필자는 어떤 것이 ②아깝다고 생각하는가?

1 일본인이 아침에 독서나 일만 하는 것

2 미국인이 아침시간을 일에만 쓰는 것

3 일본인이 아침시간을 식사나 샤워에 밖에 쓰지 않는 것

4 미국인이 아침시간에 밖에 트레이닝을 하지 않는 것

65 필자가 말하고 싶은 것은 무엇인가?

1 일본인도 아침 일찍 일어나 투자 공부를 해야 한다.

2 일본인도 아침시간을 소중히 여겨 유효하게 쓰는 편이 좋다.

3 일본인도 제대로 아침식사를 하고 나서 회사에 가야 한다.

4 일본인도 건강을 생각해서 스포츠센터에 다녀야 한다.

【11-3】

물건의 생산이라는 사고방식에서 보면 음악가는 아무런 유형의 것은 생산하지 않는다. 신체를 유지해가기 위해 필요한 식량을 생산하는 것은 농업이지만 음악이라고 하는 것은 정신 세계를 충족시키기 위해서 필요로 하는 것으로, 거기에 경제 활동을 연관시키는 이론은 존재하

지 않았다. ①그것을 얻기 위해 어느 정도의 대가가 필요하다는 이치도 이해되기 쉽다.

그러나, 베토벤 음악의 가치는 모든 사람에게 이해되는 것은 아니며, 하물며 그것을 듣지 않아도 인간의 생사에 직접적인 영향은 없다. 그래서 그 음악을 듣기 위해 어느 정도의 대가가 필요한지는 이론화되기 어렵다. 그렇게 되면 음악가가 작곡 행위나 연주 행위로 생활해 가는 것은 처음부터 불가능하게 되어버리는 것일까?

꼭 그렇지는 않을 것이다. 일정한 법칙이 있는 것은 아니지만 베토벤의 음악에도 차이코프스키의 음악에도 옥수수와 같은 만큼의, 혹은 그 이상의 가치가 있다는 것을 인정하는 사람은 이 지구상에는 많기 때문이다.

그러나 ②그 사람들은 대체 어디에 있다는 것인가?

일본에는 아직 적다. 아마 그 점이 ③가장 문제일 것이라고 생각한다.

(주1) 감다, 얽다 : 관계시키다

(주2) 옥수수 : 곡물의 일종

(주3) 대가 : 어떤 목적을 달성하는 대신에 치르는 희생

(주4) 이치, 도리 : 매사의 이유나 근거

(주5) 베토벤 / 차이코프스키 : 작곡가의 이름

66 ①그것이란 무엇인가?

1 음악

2 이론

3 정신

4 식량

67 ②그 사람들이란 어떤 사람들인가?

1 작곡 행위나 연주 행위로 생활해 가는 사람들

2 음악은 인간의 생사에 관계가 없다고 생각하는 사람들

3 음악에는 식량만큼은 가치가 없다고 생각하는 사람들

4 음악에는 식량과 같을 정도로 가치가 있다고 생각하는 사람들

68 필자는 어떤 것이 ③가장 문제라고 생각하는가?

1 일본에는 베토벤의 음악에 흥미가 없는 사람이 많은 것

2 음악에 돈을 지불할 가치를 인정하는 사람이 일본에는 아직 적은 것

3　일본에는 음악을 경제활동으로 이해하려고 하는 사람이 많은 것

4　음악보다도 식량 쪽이 가치가 있다고 생각하는 일본인이 적은 것

문제12　다음 글은 '상담자'로부터의 상담과 그에 대한 A와 B로부터의 회답이다. 세 개의 글을 읽고 뒤의 물음에 대한 답으로 가장 알맞은 것을 1·2·3·4 중에서 하나 고르시오.

■ 상담자

떨어져 지내고 있는 80세의 어머니 일로 상담합니다. 요즘, 어머니는 체력이 떨어져 일상적인 일을 하는 것이 매우 힘들게 된 모양입니다. 친구를 만나러 가는 것이 어렵게 되어 외롭다고 합니다. 또, 혼자 살기 때문에 건강이 나빠지면 어떻게 하나 하고 걱정이 되어 잠들지 못 하는 일도 있는 듯합니다.

앞으로, 제가 친정에 돌아가 돌봐드리는 것과 어머니를 유료노인시설에 보내는 것 중 어느 쪽이 좋을지 고민입니다. 여러분의 조언을 부탁드립니다.

● 회답자A

자택의 좋은 점은 어머님이 익숙한 환경에서 지금까지의 생활을 안심하고 계속할 수 있는 것이겠지요. 근처의 지인과 차를 즐기는 일도 가능합니다. 가족의 도움을 받아 집안일이나 취미를 어머님의 페이스로 계속하는 것도 가능하겠지요. 요즘에는 방문 간호나 단기요양 같은 서비스도 잘 되어 있습니다. 그것들을 활용해, 할 수 있는 범위에서 자택에서 보살펴 드리는 것은 어떨지요.

● 회답자B

유료노인시설의 좋은 점은 24시간 전문적인 서비스를 받을 수 있는 것이 아닐까 합니다. 식사는 건강상태에 맞춰서 영양이나 조리법을 생각합니다. 건물은 병이나 사고가 없도록 세심한 주의를 기울여 관리되고 있습니다. 입욕이나 화장실을 사용할 때의 편의도 어르신에게 부담이 가지 않도록 고안되어 있습니다. 만약 건강이 안 좋아지면 바로 적절한 의료서비스를 받을 수 있습니다. 어머님도 시설 쪽이 안심되시지 않을까요?

(주1) 본가, 친정 : 자신이 태어난 집, 부모의 집

(주2) 유료노인시설 : 고령자가 입주해서 식사나 일상생활의 원조를 받을 수 있는 곳

(주3) 방문 간호 : 전문가가 노인의 자택을 방문해 보살피는 제도

(주4) 단기요양 : 노인이 일시적으로 시설 등에 숙박하는 제도

69　상담자는 무엇에 대해 고민하고 있는가?

1　요즘 어머니의 건강이 나빠진 것

2　어머니의 일상생활을 돌봐드릴 시간이 없는 것

3　친구나 친척이 어머니를 만나러 와주지 않게 된 것

4　어머니가 나이가 들어 혼자서 생활하기가 어렵게 된 것

70　'상담자'의 상담에 대한 '회답자 A, B'의 대답에 대해 맞는 것은 어느 것인가?

1　A, B 모두 상담자가 편하게 생활할 수 있는 것이 가장 중요하다고 생각한다.

2　A, B 모두 상담자의 어머니가 안심하고 지낼 수 있는 것이 가장 중요하다고 생각한다.

3　A는 어머니의 환경을 바꾸지 않는 것이 중요하다고 생각하고, B는 환경을 바꾸는 것이 중요하다고 생각한다.

4　A는 어머니가 상담자와 함께 지내는 것이 중요하다고 생각하고, B는 전문가와 지내는 것이 중요하다고 생각한다.

문제13　다음 글을 읽고 뒤의 물음에 대한 답으로 가장 알맞은 것을 1·2·3·4 중에서 하나 고르시오.

요즘 도쿄도내에는 지방자치체의 안테나 숍을 많이 볼 수 있게 되어 약간의 화제가 되고 있다.

'안테나 숍'이란, 기업이 신제품의 판매 상황을 보거나 자사제품을 소개하기 위해 만드는 가게인데, 지방자치체의 안테나 숍 또한 각 지역의 것을 많은 사람에게 알리려는 목적에서 만들어졌다.

①이러한 시설은 사실 10년도 더 전부터 있었다. 그러나 당시는 ○○현 도쿄사무소, ○○현 관광안내소와 같은 명칭이었다. 그곳에서는 관광안내나 특산품 전시, 그 지방의 일자리 소개 등을 했었으나, 가게는 자못 관공서처럼 만들어졌다.

그러나 요즘의 안테나 숍은 다르다. 밝은 가게 안에는 아름다운 관광사진이 붙어 있고 그 고장의 식품이나 공

예품이 빼곡히 진열되어 있다. 특히 식품류는 인기가 많아 그 고장의 명산품이나 과자는 잘 팔린다. 음식 코너나 레스토랑을 함께 운영하는 곳도 있다. 거기서 먹을 수 있는 것은 물론 그 고장의 명물요리이다. '그 고장 직송의 식재료를 사용한 본고장의 맛'이 인기로, 식사만을 목적으로 내점하는 사람도 있을 정도다.

남북으로 가늘고 긴 국토를 가진 일본은, 지방마다 독특한 식문화가 있다. 그것은 '오키나와 요리', '가고시마 요리', '아키타 요리'처럼 지방마다의 요리점이 있는 것으로도 알 것이다. 요즘에는 텔레비전의 여행프로나 잡지에도 지방의 명물요리가 소개되는 일이 많다. 백화점에서는 자주 지방의 물산전을 이벤트로서 하는데 그곳은 언제나 대성황이다. 또한 인터넷이나 통신판매에 의한 주문도 활발해 그 지방에서밖에 구할 수 없는 명산품을 자택으로 주문시켜 가만히 앉아서 지방의 맛을 즐긴다는 사람도 많다.

이러한 _____②_____ 을 배경으로 자치체는 도쿄에 안테나 숍을 개점하고 있는 것이다. (중략) 그러나, 자치체로서는 임대료가 비싼 도쿄의 가장 좋은 장소에 가게를 내는 일은 재정적으로 큰 부담이 된다. 그 때문에 경영형태는 각양각색이다. 자치체가 직접 운영하는 것이 아닌, 물산협회나 관광협회에 자치체가 보조금을 내고 복수의 자치체가 공동으로 운영하는 등 궁리하고 있는 곳도 많다. 그러나 운영형태는 달라도 어느 숍이나 그 고장의 매력을 알리고 지역의 상품을 팔려고 열심이다.

한편, 도시의 소비자가 보면 안테나 숍은 손쉽게 지방의 명산품을 구해 여행 기분을 맛볼 수 있는 즐겁고 편리한 장소라 할 수 있다. 도시사람이 지방의 식문화를 즐길 수 있고, 그래서 지방의 상점이 돈을 번다면 1석2조이다. 안테나 숍이 제대로 기능해 가는 것을 기대해보자.

(주1) 지방자치체 : 현이나 시정촌

(주2) 병설하다 : 다른 시설과 함께 그곳에 만들다

(주3) 성황 : 흥청거리는 모양

(주4) 가만히 앉아서 : 이동하지 않고, 가만히 있는 채로

(주5) 임대료 : 그곳을 빌리기 위해 치르는 요금, 집세

(주6) 일등지 : 가장 좋은 장소

(주7) 일석이조 : 하나의 일로 두 개의 이익을 얻는 것

71 ①이러한 시설이란 어떤 시설인가?
1 기업이 자기 회사의 제품을 소개하는 시설
2 도쿄도내에서 화제가 되고 있는 시설
3 지방자치체가 자기 지방을 소개하는 시설
4 안테나 숍이라는 이름이 붙은 시설

72 _____②_____ 에는 어떤 문장이 들어가는가?
1 지방 식문화에의 관심
2 인터넷 이용자의 확대
3 안테나 숍의 유행
4 해외나 국내로의 여행 붐

73 필자는 안테나 숍에 대해 어떻게 생각하고 있는가?
1 자치체가 직접 운영하는 것이 아니라 관광협회가 운영하고 있는 점이 좋다.
2 도쿄에 있으면 비싼 임대료가 들어서 아깝다.
3 경영이 잘 되어 안테나 숍이 더 늘어나면 좋겠다.
4 이전과 같이 관광안내나 일자리 소개를 해줬으면 한다.

문제14 다음은 어느 통신판매 잡지의 배달 안내 페이지이다. 아래 물음에 대한 답으로 가장 알맞은 것을 1·2·3·4 중에서 하나 고르시오.

74 9월 1일에 소파를 신청한 사람은 배달일을 어떻게 지정할 수 있는가?
1 9월 8일 이후의 일시를 지정할 수 있다.
2 9월 15일 이후의 일시를 지정할 수 있다.
3 배달일은 지정할 수 없으나 2주 이내에 배달받을 수 있다.
4 9월 15일 이후의 배달일을 지정할 수 있으나 시간은 지정할 수 없다.

75 생일 선물용으로 포장해주길 원하는 사람이 팩스로 신청할 경우 신청용지에 어떻게 쓰는가?
1 신청서에 자신의 주소와 전화번호를 쓰고 비고란에 상대방의 생일을 적는다.
2 신청서의 〈선물〉에 ○표를 하고 상대방의 주소를 쓰고 비고란에 자신의 전화번호를 쓴다.
3 신청서에 상대방의 주소와 전화번호를 쓰고 비고란에 자신의 전화번호와 〈생일포장희망〉이라고 쓴다.
4 신청서의 〈선물〉에 ○표를 하고 상대방의 전화번호를 쓰고 비고란에 〈생일포장희망〉이라고 쓴다.

상품 배달에 대해

배달 예정
· 신청일로부터 1주일 전후로 배달합니다.
· 가구나 전자제품 등의 대형상품은 2주 이상 걸립니다.
· 신청 상품이 두 개 이상인 경우, 따로따로 배달되는 경우가 있습니다.

배달 요일, 시간대의 지정
배달일의 일시 지정은 신청일로부터 1주일 이후입니다.

| 〈시간대 지정〉 | ❶ 오전 중 | ❷ 12:00~14:00 | ❸ 14:00~16:00 |
| | ❹ 16:00~18:00 | ❺ 18:00~20:00 | ❻ 20:00~21:00 |

선물의 배달
· 상품은 보내시는 곳으로 배달되며, 입금용지는 신청하신 분에게 보내드립니다.
· 전화로 신청 : 배송지를 말씀해 주십시오.
· 인터넷으로 신청 : 소정란에 입력해 주십시오.
· 엽서·팩스로 신청 : 신청서의 '선물'에 ○표를 해주십시오. 보내실 곳의 전화번호를 반드시
　　　　　　　　　써주십시오.

※생일이나 크리스마스 선물용 특별 포장을 희망하시는 경우
· 전화로 신청 : 특별포장 희망이라고 이야기해주십시오.
· 인터넷으로 신청 : 소정란에 입력해 주십시오.
· 엽서·팩스로 신청 : 비고란에 '생일(크리스마스) 포장 희망'이라고 써주십시오.

대형상품의 배달
· 가구나 전자제품 등의 대형상품은 배달원이 희망하시는 장소에 설치해 드립니다.
· 창문이나 베란다로부터 끌어올려서 반입하는 경우는 별도의 요금이 듭니다.

상품 배달에 대한 문의처 : 0120-123-○○○

(주1) 보내시는 곳 : 선물보내는 상대방

모의테스트 청해 스크립트 및 번역

問題 1　　⊚ 2-02

1番 ─────────────── ⊚ 2-03

会社で、男の人と女の人が話しています。男の人は、会議の前に、どのように連絡しますか。

M：課長、来週1週間、夏休みですよね。その間に何か連絡したいときは、どのようにすればいいでしょうか。

F：ああ、パソコンは1日1回見るから、そこにメールを入れてもらえますか。急ぎの場合は携帯のメールでもいいけど、いつも携帯を持っているわけじゃないから……。

M：はい。急な用事はあまりないと思いますが、ただ水曜は会議があるので、その前に課長に判断していただきたいことがあると思うんです。

F：そう。

M：お休みのところをすみません。でも、そのときは直接お話しできませんか。

F：わかりました。じゃあ、水曜日は携帯をいつも持っているようにしましょう。

M：はい、そうしてもらえると、助かります。では、水曜日にご連絡します。

男の人は、会議の前に、どのように連絡しますか。

회사에서 남자와 여자가 이야기하고 있습니다. 남자는 회의 전에 어떻게 연락합니까?

M : 과장님, 다음주 1주일간 여름휴가시네요. 그 사이에 뭔가 연락하고 싶을 때는 어떻게 하면 좋을까요?

F : 아, 컴퓨터는 하루 한 번 볼 거니까, 그 쪽으로 메일을 넣어주겠습니까? 급할 때는 휴대 전화 문자라도 괜찮지만 항상 휴대 전화를 갖고 있는 게 아니라서…….

M : 네, 급한 용무는 그다지 없을 거라고 생각합니다다만, 단지 수요일은 회의가 있으니 그 전에 과장님께서 판단해 주셨으면 하는 일이 있을 거라 생각합니다.

F : 그래요?

M : 쉬시는데 죄송합니다. 그렇지만 그 때는 직접 이야기할 수 없을까요?

F : 알았습니다. 그럼 수요일은 휴대 전화를 항상 갖고 있도록 하지요.

M : 네, 그렇게 해 주시면 감사하겠습니다. 그럼 수요일에 연락 드리겠습니다.

남자는 회의 전에 어떻게 연락합니까?

2番 ─────────────── ⊚ 2-04

夫婦が旅行の準備をしています。女の人は、旅行かばんの中に、何を入れますか。

F：あと、何を持ってったらいいかしら。

M：向こうの天気予報は雨になってるから、折りたたみの傘を入れといたほうがいいぞ。

F：そうなの？　じゃあ、靴も1足入れとこうかな。

M：それほどじゃないだろう、傘だけで大丈夫だよ。それより、寒くなるらしいから、セーターをもう1枚持っていけば？

F：だったら上着を着てく。荷物が増えちゃうでしょ？

M：それぐらい入るだろう。念のため、薄いのでも持ってったほうがいいぞ。

F：そう？　じゃあ、そうしようかな。

女の人は、旅行かばんの中に、何を入れますか。

부부가 여행 준비를 하고 있습니다. 여자는 여행 가방 속에 무엇을 넣습니까?

F : 그리고 무엇을 가지고 가면 좋을까?

M : 여행지의 일기예보는 비가 온다고 하니까, 접이식 우산을 넣는 편이 좋겠어.

F : 그래? 그럼 신발도 한 켤레 넣을까?

M : 그 정도는 아니겠지. 우산만 있으면 돼. 그보다 추워진다는 것 같으니까 스웨터를 한 장 더 갖고 가지?

F : 그럼 겉옷을 입고 갈래. 짐이 늘어나잖아?

M : 그 정도는 들어가겠지. 만약을 위해 얇은 거라도 갖고 가는 편이 좋아.

F : 그래? 그럼 그럴까?

여자는 여행가방 속에 무엇을 넣습니까?

3番 ⎯⎯⎯⎯⎯⎯⎯⎯⎯ ◎ 2-05

駅の改札で、女の人と駅員が話しています。女の人は、忘れ物センターに行って何をしますか。

F : あのう、駅か電車で財布を落としてしまったみたいなんですが……。

M : そうですか。落とした場所は、わからないんですね。

F : はい。改札を入ったときは、ちゃんとあったんですけど。

M : 財布の中には何が入ってましたか。

F : お金と、外国人登録証とクレジットカードです。

M : じゃあ、この用紙にお名前とご住所、電話番号を書いて、あちらにある忘れ物センターのカウンターに出してください。そこで、どんな財布だったか説明してください。でもクレジットカードについては、カード会社にすぐ連絡したほうがいいですよ。外国人登録証は、もし見つからなかったら再発行してもらえますよね。

F : わかりました。ありがとうございました。

女の人は、忘れ物センターに行って何をしますか。

역의 개찰구에서 여자와 역무원이 이야기하고 있습니다. 여자는 분실물 센터에 가서 무엇을 합니까?

F : 저, 역인가 전철에서 지갑을 잃어버린 것 같은데요.

M : 그렇습니까? 잃어버린 장소는 모르시는 거군요.

F : 네, 개찰구를 통과할 때는 확실히 있었는데요.

M : 지갑 안에는 무엇이 들었습니까?

F : 돈이랑 외국인등록증이랑 신용카드입니다.

M : 그럼 이 용지에 이름과 주소, 전화번호를 써서 저쪽에 있는 분실물 센터 창구에 내주세요. 거기서 어떤 지갑이었는지 설명해주세요. 하지만 신용카드에 대해서는 카드회사에 바로 연락하는 편이 좋습니다. 외국인등록증은 만약 찾지 못하면 재발행 받을 수 있답니다.

F : 알겠습니다. 고맙습니다.

여자는 분실물 센터에 가서 무엇을 합니까?

4番 ⎯⎯⎯⎯⎯⎯⎯⎯⎯ ◎ 2-06

会社で女の人と男の人が話しています。このあと、女の人は何を準備しますか。

F : 部長、3時からの会議ですが。

M : ああ、今日は新しい商品の説明会だから、よろしくね。

F : はい。準備する物なんですが、カタログはどうしましょうか。

M : そうだね。新しいのと比べてもらうために、前のカタログも、人数分、準備しといてくれる？ それと、資料は少し多めに用意しといて。

F : わかりました。プロジェクターは企画部から借りてくればいいでしょうか。

M : いや、今日使う会議室にはプロジェクターがあるから大丈夫だよ。あと、新しいポスターをホワイトボードに張っといて。

F : はい、わかりました。

M : ああ、それと、飲み物なんかは総務の人に頼んでるから、こちらで用意する必要はないよ。

このあと、女の人は何を準備しますか。

회사에서 여자와 남자가 이야기하고 있습니다.
이후 여자는 무엇을 준비합니까?

F : 부장님, 3시부터 회의입니다만.
M : 아, 오늘은 새로운 상품의 설명회이니 잘
　　부탁하네.
F : 네, 준비할 것 때문에 그런데, 카탈로그는
　　어떻게 할까요?
M : 음, 새로운 것과 비교해 봐야 하니까 전의
　　카탈로그도 인원수 대로 준비해 주겠나?
　　그리고 자료는 좀 넉넉하게 준비해 두게.
F : 알겠습니다. 프로젝터는 기획부에서 빌려오
　　면 될까요?
M : 아니, 오늘 사용할 회의실에는 프로젝터가
　　있으니까 괜찮아. 그리고 새 포스터를 화이
　　트보드에 붙여둬.
F : 네, 알겠습니다.
M : 아, 그리고 음료수 같은 건 총무부 사람에
　　게 부탁해 뒀으니까 이쪽에서 준비할 필요
　　는 없어.

이후 여자는 무엇을 준비합니까?

5番 ──────────── ◎ 2-07

大学で、男の人と女の人が話しています。
女の人は、男の人のために何を買いますか。

M : あれ、もう12時か。お昼、どうする？
F : 売店で何か買ってこようか。
M : あ、頼んでいい？　これ、昼休みに終
　　わらせなきゃなんないから、助かる。
F : 何がいい？　私は、おにぎりとお茶か
　　な。
M : 俺は、なんか弁当がいいな。腹減って
　　るから、ボリュームのあるやつ。
F : あの売店、サンドイッチもすごくボリ
　　ュームあるって聞いたけど。
M : うーん、でも、今日はご飯がいいな。
F : わかった。飲み物は？
M : さっきお茶買ったから。あ、でもコー
　　ヒー頼む。

女の人は、男の人のために何を買いますか。

대학에서 남자와 여자가 이야기하고 있습니다.

여자는 남자를 위해 무엇을 삽니까?

M : 어라? 벌써 12시네? 점심 어떻게 할까?
F : 매점에서 뭐라도 사올까?
M : 부탁해도 돼? 이거 점심시간에 끝내야 해
　　서 말이야. 다행이다.
F : 뭐가 좋아? 나는 주먹밥이랑 차로 할까?
M : 나는 도시락이 좋아. 배고프니까 양 많은
　　걸로.
F : 저 매점, 샌드위치도 굉장히 양이 많다고
　　들었는데.
M : 음, 그래도 오늘은 밥이 먹고 싶어.
F : 알았어. 음료는?
M : 아까 차 샀어. 아, 그래도 커피 부탁해.

여자는 남자를 위해 무엇을 삽니까?

問題 2 ◎ 2-08
1番 ──────────── ◎ 2-09

夫婦が話しています。テーブルを部屋の真
ん中に置くことにした理由は何ですか。

F : ねえ、新しいテーブル、どこに置く？
M : うーん、窓際はどう？
F : うん、そうねえ、外の緑を見ながらお
　　茶飲めていいかもね。でも、本棚を動か
　　さなきゃなんないから、それがちょっと
　　大変よ。
M : ああ、そうだな。あの本棚を動かすの
　　は面倒だな。
F : 部屋の真ん中っていうのは？　食事も
　　仕事もできるから、きっと便利よ。
M : うん、確かに使いやすいけど、なんだ
　　か部屋が狭くなった感じにならないか
　　な。壁にくっつけたほうが、部屋が広く
　　見えるんじゃない？
F : うーん、そうかなあ。あ、じゃあ、キ
　　ッチンにカウンターのようにして置くと
　　かは？おしゃれな感じがするわよ、きっ
　　と。
M : でもそれだと、あそこを通りにくくな
　　るよ。となると、やっぱり真ん中が一番
　　かな。

テーブルを部屋の真ん中に置くことにした

理由_{りゆう}は何_{なん}ですか。

부부가 이야기하고 있습니다. 테이블을 방 한가운데에 두기로 한 이유는 무엇입니까?

F : 저기, 새 테이블 어디에 둘까?
M : 음, 창가는 어때?
F : 응, 그렇군. 밖의 푸르름을 보면서 차를 마실 수 있어 좋을지도 몰라. 하지만 책장을 옮겨야 하니까 그게 좀 힘들지.
M : 아, 그렇네. 저 책장을 옮기는 것은 귀찮군.
F : 방 한가운데는 어때? 식사도 일도 할 수 있으니까 분명 편리할 거야.
M : 응. 확실히 사용하기 편하긴 해도 왠지 방이 좁아진 느낌이 들지 않을까? 벽에 붙이는 편이 방이 넓어 보이지 않을까?
F : 음, 그런가? 아, 그럼 부엌에 카운터처럼 두면 어떨까? 분명, 세련된 느낌이 날 거야.
M : 하지만 그렇게 하면 거기를 지나다니기 어려워져. 이렇게 되면 역시 한가운데가 제일 좋으려나?

테이블을 방 한가운데에 두기로 한 이유는 무엇입니까?

2番 —————— 2-10

大学_{だいがく}で、男_{おとこ}の学生_{がくせい}と女_{おんな}の先生_{せんせい}が話_{はな}しています。この学生_{がくせい}は、どんな場合_{ばあい}に追試_{ついし}を受_うけられますか。

M : あのう、先生_{せんせい}、ちょっと、今_{いま}よろしいでしょうか。
F : はい、何_{なん}ですか。
M : すみません。あのう、先週_{せんしゅう}の試験_{しけん}なんですが……、風邪_{かぜ}で休_{やす}んでしまったんです。何_{なに}か代_かわりの試験_{しけん}を受_うけることはできないでしょうか。
F : ああ、追試_{ついし}ですね。受_うける人_{ひと}が3人_{にん}以上_{いじょう}いればやりますよ。でも、いなかったら追試_{ついし}はしません。学期中_{がっきちゅう}に3回_{かい}ある試験_{しけん}のうち2回_{かい}を受_うけていれば、それで成績_{せいせき}をつけることになります。
M : そうなんですか。できれば、追試_{ついし}を受_うけたいんですが……。

F : きのう、1人_{ひとり}、追試_{ついし}の申_{もう}し込_こみがありましたから、あと1人_{ひとり}いたらやりますよ。ほかにも先週_{せんしゅう}休_{やす}んだ人_{ひと}がいたかもしれないので、次_{つぎ}の授業_{じゅぎょう}のときに聞_きいてみたらどうですか。
M : あ、はい、そうしてみます。ありがとうございました。

この学生_{がくせい}は、どんな場合_{ばあい}に追試_{ついし}を受_うけられますか。

대학에서 남학생과 여교수가 이야기하고 있습니다. 이 학생은 어떤 경우에 재시험을 볼 수 있습니까?

M : 저, 교수님, 지금 잠깐 괜찮으세요?
F : 네, 무슨 일이에요?
M : 죄송합니다. 저, 지난주에 본 시험 말입니다만……, 감기 때문에 결석했거든요. 어떻게 대체 시험을 볼 수 없을까요?
F : 아, 재시험이요? 시험을 보는 사람이 세 명 이상이면 볼 수 있어요. 하지만 없으면 재시험은 없습니다. 학기 중에 세 번 있는 시험 중 두 번을 봤으면 그걸로 성적을 매기게 됩니다.
M : 그렇습니까? 가능하면 재시험을 보고 싶습니다만…….
F : 어제 재시험 신청한 사람이 한 사람 있었으니까 한 사람 더 있으면 봅니다. 학생 외에도 지난 주 결석한 사람이 있을지도 모르니 다음 수업 때 물어보면 어때요?
M : 아, 네. 그렇게 해보겠습니다. 고맙습니다.

이 학생은 어떤 경우에 재시험을 볼 수 있습니까?

3番 —————— 2-11

女_{おんな}の人_{ひと}が、友達_{ともだち}に話_{はな}しています。このレストランの一番_{いちばん}いいところは、何_{なん}だと言_いっていますか。

F : この前_{まえ}、先輩_{せんぱい}にイタリアンに連_つれてってもらったんだけど、今_{いま}まで行_いった中_{なか}で、一番_{いちばん}いいお店_{みせ}だったよ。イタリア料理_{りょう}っていうと、いいレストランはなんだ

か高いところばっかりだけど、そこはそんなに高くないんだ。もちろんおいしくて、特にスパゲティなんかのパスタ類はおすすめだよ。

でも、何て言っても最高だったのは野菜を使った料理。地元で採れた新鮮な材料を使ってて、野菜そのものの味がよく出てるんだ。

お店の感じも、庭が見える大きな窓があって、まるで緑の中で食事してるみたいだったよ。今度、一緒に行こうよ。

このレストランの一番いいところは、何だと言っていますか。

여자가 친구에게 이야기하고 있습니다. 이 레스토랑의 가장 좋은 점은 무엇이라고 이야기하고 있습니까?

F : 얼마 전, 선배가 이태리 레스토랑에 데리고 가줬는데 지금까지 가 본 곳 중에 가장 좋은 가게였어. 이태리 요리라고 하면 좋은 레스토랑은 왠지 비싼 곳 뿐이지만 거기는 그렇게 비싸지 않아. 물론 맛있고 특히 스파게티 같은 파스타 종류는 추천할 만해.

그래도 뭐니 뭐니 해도 최고였던 것은 채소를 이용한 요리였어. 그 고장에서 수확한 신선한 재료를 사용해서 채소 그 자체의 맛이 잘 우러나왔어.

가게의 느낌도, 정원이 보이는 큰 창문이 있어서 마치 녹음 속에서 식사하고 있는 듯했어. 다음에 같이 가자.

이 레스토랑의 가장 좋은 점은 무엇이라고 말하고 있습니까?

4番 ———————————— 🔊 2-12

女の人と男の人が話しています。女の人は、何番のバスに乗って、どこで降りますか。

F : あのう、すみません。丸山公園に行くバスは、何番でしょうか。

M : 丸山公園ですか。ええと、2番か5番ですね。

F : あ、そうですか。どちらでも大丈夫な

んですね。

M : ええ、ただ、2番のバスは公園の北口に停まって、5番は南口だったと思いますよ。どっち側に行くんですか。

F : 東口のほうなんですけど。

M : 東口か。それなら、北口じゃなくて南口ですね。歩いて10分以上ありますけど。距離的には、2番のバスに乗って丸山町で降りるのが一番近いんですけど、そっちは坂道で、登りが結構大変なんですよ。

F : あ、そうなんですか。じゃあ、少し遠くても、楽なほうにします。ご親切にありがとうございました。

女の人は、何番のバスに乗って、どこで降りますか。

여자와 남자가 이야기하고 있습니다. 여자는 몇 번 버스를 타고 어디서 내립니까?

F : 저, 실례합니다. 마루야마 공원으로 가는 버스는 몇 번인가요?

M : 마루야마 공원말입니까? 2번이나 5번이에요.

F : 아, 그렇습니까? 어느 거라도 괜찮은 거죠?

M : 네, 단 2번 버스는 공원 북쪽 출입구에 서고 5번은 남쪽 출입구에 섰던 것 같습니다. 어느 쪽으로 가십니까?

F : 동쪽 출입구 쪽입니다만.

M : 동쪽 출입구라. 그렇다면 북쪽 출입구가 아니라 남쪽 출입구네요. 걸어서 10분 이상 걸립니다만. 거리로는, 2번 버스를 타고 마루야마쵸에서 내리는 게 가장 가까운데요, 그쪽은 언덕길이라 올라가는 게 꽤 힘들어요.

F : 아, 그렇습니까? 그럼 조금 멀어도 편한 쪽으로 가겠습니다. 친절하게 가르쳐주셔서 감사합니다.

여자는 몇 번 버스를 타고 어디서 내립니까?

5番 ———————————— 🔊 2-13

会社で、女の人と男の人が話しています。男の人は、どうして忘年会に参加しなかったの

ですか。

F：鈴木さん、きのうの忘年会、いらっしゃらなかったんですね。

M：ああ、行くつもりだったんだけどね。

F：また残業ですか。

M：いや、今はそんなに忙しくないんだけど、取引先の集まりがあったから、ちょっとそっちにね。

F：そうなんですか。お忙しいですね。

M：いや、すごくお世話になった人が退職することになって、その送別会だったんだ。最近ずっと会ってなかったから、今までのお礼も兼ねてあいさつしておきたくてね。

F：そうだったんですか。取引先の方とも仲がいいんですね。

M：ああ、仕事のことでもいろいろ相談に乗ってもらったし、プライベートでも趣味が同じでね。一緒にゴルフに行ったりしたんだ。

男の人は、どうして忘年会に参加しなかったのですか。

회사에서 여자와 남자가 이야기하고 있습니다. 남자는 왜 송년회에 참석하지 않았습니까?

F：스즈키 씨, 어제 송년회 안 오셨었지요?

M：아, 가려고 했있는데 말이야.

F：또 야근 하셨어요?

M：아니, 요즘은 그렇게 바쁘지 않은데 거래처 모임이 있어서 그쪽에 좀 가느라고.

F：그래요? 바쁘시네요.

M：아니, 굉장히 신세를 진 분이 퇴직하게 되셔서 그 송별회였어. 최근에 계속 못 만나서 이제까지의 감사 인사도 겸해서 인사해 두고 싶어서 말이야.

F：그러셨어요? 거래처 분과도 친하신가봐요.

M：아, 일적으로도 여러 가지 상담해 주셨고 사적으로도 취미가 같아서, 같이 골프치러 가거나 했었어.

남자는 왜 송년회에 참석하지 않았습니까?

6番 ⊚ 2-14

アルバイト先で、男の人と女の人が話しています。女の人は、何時ごろカラオケに行けそうですか。

M：あのさ、今日、バイト終わったらみんなでカラオケ行くんだけど、行かない？

F：あ、行きたい。あー、でも今日、4時までに帰ってうちの手伝いしなくちゃいけないんだ。

M：へえ、親孝行だね。ご飯作ったりするの？

F：ううん。母に頼まれた荷物を車で知り合いのところに届けるだけ。

M：なんだ、そっか。でもそれなら、荷物届けた後に来られるんじゃない？

F：それもそうね。5時半に渋谷まで届けるから、そのあと、6時半ごろにはうちに戻ってこられるとして。7時すぎには行けるかな。電車で30分ぐらいだから。

M：飲まないんなら、そのまま車で来れば？いつものカラオケボックスだからさ。あそこ、駐車場あるよ。渋谷からだと、家に着くぐらいの時間に来られるんじゃない？

F：そっか、車で直接行けばいいか。じゃあそうする。

女の人は、何時ごろカラオケに行けそうですか。

아르바이트 하는 곳에서 남자와 여자가 이야기하고 있습니다. 여자는 몇 시쯤 노래방에 갈 수 있을 듯합니까?

M：저기 말이야, 오늘 아르바이트 끝나고 다같이 노래방 가는데 안 갈래?

F：아, 가고 싶다. 아~ 그런데 오늘 4시까지는 돌아가서 집안일 도와야 해.

M：효녀네. 밥하거나 하는 거야?

F：아니, 엄마한테 부탁받은 짐을 차로 아는 사람한테 갖다주는 것 뿐이야.

M：뭐야, 그런 거야? 그래도 그렇다면 짐을 갖

다준 후에 올 수 있지 않아?

F : 그것도 그렇네. 5시 반에 시부야까지 갖다 주니까 그 후에 6시반 쯤에는 집에 돌아올 수 있다고 치면 7시 지나서는 갈 수 있으려나? 전철로 30분 정도니까.

M : 술 안 마시면 그냥 그대로 차로 오면 어때? 늘 가던 노래방이니까 말이야. 거기 주차장 있어. 시부야에서라면 집에 도착할 시간쯤 에 올 수 있지 않아?

F : 그런가? 차로 바로 가면 될까? 그럼 그렇게 할게.

여자는 몇 시쯤 노래방에 갈 수 있을 듯 합니 까?

問題3 ⑥ 2-15

1番 ─────────────── ⑥ 2-16

えいがかんとく
映画監督が、インタビューで話しています。

M : 今回の作品は、私が得意とするサスペン スものなんですが、見ていただくと、 これまで私が作ってきたサスペンス映画 と、ずいぶん変わったと思われるでしょ うね。かなり、人間ドラマが盛り込まれ ているんですよ。最初に原作を読んで、 登場人物の感情がとても強く表れている ストーリーだと思ったので、それを大事 にしました。サスペンスの中に、家族と か家庭の大切さというメッセージも込め て作り上げたつもりです。子供たちや親 の感情部分が強く出てくるドラマになっ て、それが、これまでのものと、大きく 異なっていると思いますよ。

なに
何について話していますか。
1 映画に出てくる家族の特徴
2 自分が作った映画のストーリー
3 これまでの自分の映画と違う点
4 サスペンス映画の作り方

영화감독이 인터뷰에서 이야기하고 있습니다.

M : 이번 작품은 제가 자신있게 생각하는 서스 펜스물입니다만, 보시면 지금까지 제가 만

들어 온 서스펜스영화와 꽤 다르다고 생각 하실 것입니다. 꽤 휴먼드라마가 담겨 있거 든요. 처음 원작을 읽고 등장 인물의 감정 이 매우 강하게 나타나 있는 스토리라고 생 각했기 때문에 그것을 중요하게 생각했습 니다. 서스펜스 속에 가족이나 가정의 소중 함이라는 메시지도 담아 만들었다고 생각 합니다. 아이들이나 부모의 감정부분이 강 하게 표현되는 드라마가 되어 그것이 지금 까지의 것들과 크게 다르다고 생각합니다.

무엇에 대해서 이야기하고 있습니까?
1 영화에 나오는 가족의 특징
2 자신이 만든 영화의 스토리
3 지금까지의 자신의 영화와 다른 점
4 서스펜스 영화를 만드는 법

2番 ─────────────── ⑥ 2-17

だいがく   おとこ ひと おんな ひと はな
大学で、男の人と女の人が話しています。

M : あ、ユキちゃん、どっかで木村見なかっ た?

F : 木村君? ううん、見てない。ヒロシ、 木村君と仲いいの? ちょっと意外。

M : そう? なんで?

F : だって木村君って、女の子の間では、ち ょっと怖くて近寄りがたいって言われて るよ。いつもあんまりしゃべんないし。

M : ああ、たしかに、あいつちょっと無口 だからな。でも、仲良くなったらそうで もないと思うよ。結構、面白いとこもあ るし。

F : へえ、そうなんだ。じゃあ、今度、話 しかけてみよう。

おとこ ひと   きむらくん   おも
男の人は、木村君をどう思っていますか。
1 楽しいが、近寄りがたい人だ。
2 無口だが、女の子に人気のある人だ。
3 あまりしゃべらないが、面白い人だ。
4 少し怖そうだが、おしゃべりな人だ。

대학에서 남자와 여자가 이야기하고 있습니다.

M : 아, 유키. 어디서 기무라 못 봤어?

F : 기무라? 아니 못 봤어. 히로시, 기무라랑 친해? 좀 의외네?

M : 그래? 왜?

F : 기무라는 여자 아이들 사이에서는 좀 무서워서 다가가기 어렵다고들 하거든. 언제나 말도 별로 없고.

M : 아, 확실히 그 녀석 좀 말수가 적긴 하지. 그래도 친해지면 그렇지도 않다고 생각해. 꽤 재미있는 구석도 있고.

F : 그렇구나. 그럼 다음에 말 걸어봐야지.

남자는 기무라를 어떻게 생각하고 있습니까?

1 재미있으나 다가가기 힘든 사람이다.

2 말수가 적으나 여자들에게 인기가 있는 사람이다.

3 별로 말은 없지만 재미있는 사람이다.

4 조금 무서운 듯하나 수다스러운 사람이다.

3番 ⓓ 2-18

ペットショップの店員が話しています。

F : 犬は、子犬のときから訓練することが大事です。でも、大人になってからでも大丈夫なんです。思うように従ってくれなかったり、どう接すればいいのかわからなくなったりしたら、訓練の基本に戻ってトレーニングしてください。
　　トレーニングの方法はあとで詳しく説明しますが、大切なことは、「飼い主は犬のリーダーになれ」ということです。犬は元々、素直で人の指示に従う性質を持っていますから、飼い主をリーダーだと認めると、その人の言うことを、ちゃんときくようになります。ですから、飼い主は誰が主人なのかを犬にわからせて、犬のリーダーとして接するようにすればいいんです。

店員は、何について説明していますか。

1　犬の訓練で重要なこと

2　犬のトレーニングの方法

3　犬のリーダーの育て方

4　子犬を飼うときの注意点

애완동물 가게의 점원이 이야기하고 있습니다.

F : 개는 강아지 때부터 훈련시키는 것이 중요합니다. 하지만 어른이 되고 나서 해도 괜찮습니다. 생각대로 따라주지 않거나 어떻게 대하면 좋을지 모르게 되면 훈련의 기본으로 돌아가 트레이닝시켜 주십시오.
　　트레이닝 방법은 나중에 자세하게 설명하겠습니다만, 중요한 것은 '견주는 개의 리더가 되어라'라는 것입니다. 개는 원래 온순해서 사람의 지시에 따르는 성질을 갖고 있으므로 견주를 리더로 인정하면 그 사람의 말을 잘 듣게 됩니다. 그러므로 견주는 누가 주인인지를 개가 알게 하여 개의 리더로서 대하도록 하면 됩니다.

점원은 무엇에 대해 설명하고 있습니까?

1 개 훈련에서 중요한 것

2 개 트레이닝 방법

3 개의 리더를 키우는 법

4 강아지를 기를 때의 주의점

4番 ⓓ 2-19

市役所の人が新しい制度の説明をしています。

M : カーシェアリングとは、1台の自動車を複数の人が共同で利用するというものです。私たちの地域でも、これから、この方法を取り入れたいと思っています。カーシェアリングによって、地域全体の自動車の数が減り、排気ガスなどが抑えられることで、環境を守ることができます。また、交通渋滞や駐車場不足の問題も、かなり解決できるでしょう。利用者個人にとっても、車を買う費用や駐車場代の節約になります。私たちの地域を住みよい地域にしていくには、これは最適の制度だと思います。

何について話していますか。

1　カーシェアリングの経済効果

2　カーシェアリングの長所

3　カーシェアリングの利用方法

4　カーシェアリングを開始する地域

시청 사람이 새로운 제도의 설명을 하고 있습니다.

M : 카 쉐어링이란 한 대의 자동차를 복수의 사람이 공동으로 이용하는 것입니다. 우리 지역에서도 이제부터 이 방법을 도입하고자 합니다. 카 쉐어링에 의해서 지역 전체의 자동차 수가 줄어 배기가스 등이 억제되어서 환경을 지킬 수 있습니다. 또, 교통체증이나 주차장 부족 문제도 꽤 해결할 수 있겠지요. 이용자 개인에게도 차를 사는 비용이나 주차요금이 절약됩니다. 우리 지역을 살기 좋은 지역으로 만들어 가기에는 이것은 최적의 제도라고 생각합니다.

무엇에 대해 이야기하고 있습니까?

1 카 쉐어링의 경제효과
2 카 쉐어링의 장점
3 카 쉐어링의 이용방법
4 카 쉐어링을 개시하는 지역

5番 ───────────────── 🎧 2-20

社長が、チェーン店の店長を集めて、新年のあいさつをしています。

M : 新年おめでとうございます。店長の皆さん、今年もわが社のために元気で働いてください。
　　さて、昨年1年を振り返ると、店によってずいぶん営業成績に差がありました。皆さん、今年こそ、自分の店を社内で一番の売り上げにしようと思っていることでしょう。そこで、どういうことを心がけて店作りをしていくか、年の初めによく考えていただきたいのです。今、わが社にとって一番重要なのは、「社会にとって必要な会社となること」です。そのためには、「どうすれば利益を上げられるか」ばかりを考えていてはだめなのです。まず、社会にとって必要な存在となることを心がけてください。そうすれば、お客様が集まり、自然と利益が上

がるようになるのです。

社長は、どのようなことを話していますか。
1 去年、一番利益を上げた店について
2 今年、社会で必要となることについて
3 去年、客が集まった店の成績について
4 今年、心がけてほしいことについて

사장이 체인점의 점장들을 모아서 신년 인사를 하고 있습니다.

M : 새해 복 많이 받으십시오. 점장 여러분, 올해도 우리 회사를 위해 열심히 일해 주십시오.
　　작년 한 해를 되돌아보면 점포에 따라 상당히 영업실적에 차이가 있었습니다. 여러분, 올해야말로 자신의 점포를 사내에서 가장 높은 매출을 올리겠다고 생각하고 계시겠지요. 거기서 어떤 점을 유념하며 점포를 꾸려 갈 것인가, 연초에 잘 생각해 주셨으면 합니다. 지금 우리 회사에서 가장 중요한 것은 '사회에 필요한 회사가 되는 것'입니다. 그러기 위해서는 '어떻게 하면 수익을 올릴 수 있을까'만을 생각해서는 안 됩니다. 먼저 회사에 필요한 존재가 되는 것을 유념해 주십시오. 그렇게 하면 손님이 모여들어 자연히 수익이 많아지게 되는 것입니다.

사장은 어떠한 것을 이야기하고 있습니까?

1 작년에 가장 수익을 많이 올린 점포에 대해
2 올해 회사에서 필요로 하는 것에 대해
3 작년에 손님이 많이 온 점포의 성적에 대해
4 올해 유념해 주었으면 하는 것에 대해

問題4 🎧 2-21

1番 ─────────────────── 🎧 2-22

F : いつまで寝てるの。遅刻しても知らないわよ。
　1 まだ大丈夫だよ。
　2 まだ時間は知らないよ。
　3 もう寝られないよ。

F : 언제까지 잘 거야? 지각해도 모른다.
1 아직 괜찮아.

2 아직 시간은 몰라.
3 잠을 잘 수가 없잖아.

2番 ───────────── 🎧 2-23

M：タクシーなら間に合ってたのに。
　　1　タクシーに乗ってよかったね。
　　2　バスにして失敗だったね。
　　3　バスに乗ってよかったね。

M：택시라면 시간에 맞췄을 텐데.
1 택시를 타서 다행이야.
2 버스를 탄 게 실수였어.
3 버스를 타서 다행이야.

3番 ───────────── 🎧 2-24

F：先輩、お先に失礼します。
　　1　ああ、後でいいですよ。
　　2　こちらこそ、失礼しました。
　　3　はい、お疲れさまでした。

F：선배님, 먼저 실례하겠습니다.
1 아, 나중에 해도 돼요.
2 저야말로 실례했습니다.
3 네, 수고하셨습니다.

4番 ───────────── 🎧 2-25

M：来週、北海道に行くんじゃなかったっけ。
　　1　ううん、まだ行ってないよ。
　　2　うん、火曜日に行くよ。
　　3　うん、楽しかったよ。

M：다음주 홋카이도에 가는 거 아니었어?
1 아니, 아직 안 갔어.
2 응, 화요일에 갈 거야.
3 응, 재미있었어.

5番 ───────────── 🎧 2-26

F：この部屋、暑いね。窓、開けたほうが
　　いいんじゃない？
　　1　いや、暑くないから、閉めなくていい
　　　　よ。

2　そうだね、開けないほうがいいね。
3　そうだね、開けて空気を入れ替えよう。

F：이 방 덥네. 창문 여는 게 좋지 않아?
1 아니, 덥지 않으니까 안 닫아도 돼.
2 그렇군, 열지 않는 게 좋겠어.
3 그렇군, 열어서 환기를 시키자.

6番 ───────────── 🎧 2-27

M：この書類、東京営業所にファックスし
　　といてくれない？
　　1　はい、いま、送ってくれました。
　　2　はい、さっき送られました。
　　3　はい、すぐに送っておきます。

M：이 서류 도쿄영업소에 팩스로 보내두어 주
지 않겠어?
1 네, 지금 보내주었습니다.
2 네, 조금 전 보내졌습니다.
3 네, 바로 보내두겠습니다.

7番 ───────────── 🎧 2-28

F：天気がよかったら、もっと楽しかったのに
　　ね。
　　1　うん、晴れてよかったね。
　　2　ごめんね、悪かったよ。
　　3　そうだね、残念だったね。

F：날씨가 좋았더라면 더 즐거웠을 텐데.
1 응, 맑아서 다행이야.
2 미안해.
3.그러게, 안타깝네.

8番 ───────────── 🎧 2-29

M：知ってた？　フランス語の授業、来
　　週、テストだって。
　　1　え、知らなかったからしょうがないよ。
　　2　え、それ誰から聞いたの。
　　3　え、それは本当に大変だったね。

M：알고 있었어? 프랑스어 수업, 다음 주 시험
이래.
1 뭐? 몰랐으니까 어쩔 수 없어.

2 어? 그거 누구한테 들었어?

3 그거 참 큰일이었군.

9番 —————————— ◎ 2-30

F：先輩、コピー機が変なんですけど、見ていただけますか。

1 ああ、よく見えないんだけど。

2 あれ、また調子が悪いの？

3 いいよ、じっと見るよ。

F : 선배님, 복사기가 이상한데요, 봐 주시겠습니까?

1 아~, 잘 안 보이는데?

2 어라? 또 상태가 안 좋아?

3 좋아, 잘 볼게.

10番 —————————— ◎ 2-31

M：どうしよう。レポートの提出、明日だった。

1 今から書けば大丈夫だよ。

2 締め切り、終わっちゃったね。

3 間に合わなくて、残念だったね。

M : 어쩌지? 리포트 제출 내일이었어.

1 지금부터 쓰면 돼.

2 마감 끝났네.

3 제때 못내서 안타까웠겠다.

11番 —————————— ◎ 2-32

F：部長、ご相談があるんですが、ちょっとよろしいですか。

1 ああ、部長に相談しようよ。

2 うん、よかったんじゃないか。

3 悪いけど、今は時間がないんだ。

F : 부장님, 상의드릴 일이 있습니다만, 잠깐 괜찮으십니까?

1 아, 부장님과 상의하자.

2 응, 잘된 일이군.

3 미안하지만 지금은 시간이 없어.

12番 —————————— ◎ 2-33

M：今日の会議、どこでしたっけ。

1 第一会議室がいいですよ。

2 第一会議室じゃありませんか。

3 第一会議室にありましたよ。

M : 오늘 회의 어디였지요?

1 제1회의실이 좋아요.

2 제1회의실 아닙니까?

3 제1회의실에 있었습니다.

問題5 ◎ 2-34
1番 —————————— ◎ 2-35

夫婦がデパートに買い物に来ています。

F 1：本日も富士デパートにご来店いただき、まことにありがとうございます。お客様に、催し物のご案内を申し上げます。

当店では、ただ今、「子供用品大セール」を開催しております。3階、特設コーナーでは「子供服セール」を、7階、小ホールでは「おもちゃ全品3割引セール」を行っております。また、5階、大ホールでは、「夏の生活用品大展示会」として、涼しく暮らすために便利な商品を多数そろえてご紹介しております。同じく5階では、毎年恒例の「婦人服セール」も開催しております。11階、催し物会場では、「スポーツ用品大バーゲン」を行っております。

本日もどうぞごゆっくりお買い物をお楽しみくださいませ。

F 2：あら、セールがいろいろあるのね。みんなの服が安く買えそうだわ。

M ：そうだけど、婦人服と子供服だけだろ。僕のはないね。

F 2：あら、新しいトレーニングウェアが欲しいって言ってたじゃない。あとジョギングシューズも。

M ：あ、そうか。じゃあ、上の階からだ

んだん降りてくることにしようか。

F 2：そうね。そうしましょう。

質問1　二人は、まず何階で買い物をしますか。

質問2　二人は、次に何階に買い物に行きますか。

부부가 백화점에 쇼핑을 하러 왔습니다.

F1: 오늘도 후지 백화점을 방문해 주셔서 진심으로 감사합니다. 고객님께 행사 안내를 해 드리겠습니다.
　저희 백화점에서는 지금〈어린이 용품 대세일〉을 개최하고 있습니다. 3층 특설코너에서는〈아동복 세일〉을, 7층 소홀에서는〈장난감 전 품목 30% 세일〉을 하고 있습니다. 또, 5층 대홀에서는〈여름 생활용품 대 전시회〉로, 시원하게 지내기 위한 편리한 상품을 다수 준비해 소개하고 있습니다. 같은 5층에서는 매년 연례 행사인〈부인복 세일〉도 개최하고 있습니다. 11층 행사장에서는〈스포츠 용품 대 바겐〉을 하고 있습니다.
　오늘도 즐거운 쇼핑 되시길 바랍니다.

F2: 어머, 여러 가지 세일을 하고 있네? 모두의 옷을 싸게 살 수 있을 것 같아.

M : 그렇긴 해도, 부인복과 아동복 뿐이잖아.내 것은 없네.

F2: 어머, 새 트레이닝복이 갖고 싶다고 했잖아. 그리고 조깅슈즈도.

M : 아, 그런가? 그럼, 위층부터 한 층 한 층 내려오기로 할까?

F2: 그래, 그렇게 하자.

질문1 두 사람은 먼저 몇 층에서 쇼핑을 합니까?

질문2 두 사람은 다음에 몇 층으로 쇼핑하러 갑니까?

2番　　　　　　　　　　　2-36

店長がアルバイトの学生二人と話しています。

M 1：来月なんだけど、二人とも今月と同

じ曜日に入ってもらえるかな。高橋さんが月水金で、森君は水曜と土日。

F ：あ、店長それが、来月は試験があるんで、できれば週2日に減らしていただきたいんですが。

M 2：あ、僕も卒論を書き始めるんで、日曜日は外してもらえると助かるんですけど。

M 1：え、二人とも2日しか駄目なの？森君も、卒論で大変なのはわかるけど、何とか頼むよ。週末はお客さんも多いし。日曜は時給100円アップするから。

M 2：いや、そう言われても……。ゆっくり取り組める日が、ほかになくて。

M 1：じゃあ、土曜は休んでいいから、水曜と日曜の2日でどう？

M 2：土曜日は午前中授業があるから、バイト休んだとしても、半日しか使えないんです。

F ：あ、じゃあ、私、日曜日に変わりましょうか。そのかわり、日曜と水曜の週2日でいいでしょうか。

M 1：あ、そうしてくれる？　助かるよ。じゃあ、二人とも、それでよろしくね。

森君は、来月、何曜日にバイトしますか。

점장이 아르바이트 학생 두 명과 이야기하고 있습니다.

M1 : 다음달 말인데, 두 사람 모두 이번달과 같은 요일에 일해 줄 수 있을까? 다카하시 씨가 월, 수, 금에, 모리 군이 수요일과 토요일에.

F : 아, 점장님, 그게 다음달은 시험이 있어서 가능하면 주 2일로 줄여주셨으면 합니다만.

M2: 아, 저도 졸업논문을 쓰기 시작해서 일요일은 빼주시면 고맙겠습니다만.

M1: 엥? 두 사람 다 이틀밖에 안 돼? 모리 군도 졸업논문 때문에 힘든 거 알지만 어떻게든 부탁해. 주말은 손님도 많고. 일요일은 시급 100엔 올려 줄 테니.

M2: 아니, 그렇게 말씀하셔도…… 여유롭게

몰두할 수 있는 날이 달리 없어서.

M1 : 그럼, 토요일은 쉬어도 되니까, 수요일과 일요일 이틀은 어때?

M2 : 토요일은 오전 중에 수업이 있어서 아르바이트를 쉰다고 해도 반나절밖에 쓸 수 없어요.

F : 아, 그럼 저 일요일로 바꿀까요? 그 대신 일요일과 수요일의 주 2일로 괜찮을까요?

M1 : 아, 그렇게 해줄래? 다행이다. 그럼, 두 사람 모두 그렇게 부탁해.

모리 군은 다음달 무슨 요일에 아르바이트를 합니까?

3番 ———————— ⊚ 2-37

もうすぐ赤ちゃんが生まれる夫婦と、妻の母親が話しています。

M : ねえ、俺の育児休暇だけど、9月10日から取るってことでいいかな。

F2 : そうね。この子が生まれてからだから、ちょうどいいかもね。

F1 : あら、シンジさんも休みをもらえるの。会社は忙しくないの？

M : ええ、仕事は大丈夫です。やっぱり、初めは慣れないから、少しでも手があったほうがいいと思って。

F2 : 私も一人だと心細いから。

F1 : そのころは、お母さんも手伝いに来られるわよ。子育ては私が一番慣れてるしね。

F2 : え、お母さん来てくれるの？　じゃあ、そうしてもらおうかな。

M : そうだね。なんたって、初めてのことだから、いろいろ不安だしな。そうしていただけると助かります。

F1 : 私は2週間ぐらいはいられるから、シンジさんにはそのあと休暇を取ってもらって、家事なんかを手伝ってもらうといいんじゃない？

M : そうですね。じゃあ、休むのはもう少しあとにします。よろしくお願いします。

シンジさんは、なぜ休暇の時期を変えましたか。

1　お母さんが、家にいてくれるから
2　本当は会社の仕事が忙しいから
3　妻が家に戻ってくるときだから
4　妻が子育てに慣れてないから

곧 있으면 아기가 태어나는 부부와 아내의 어머니가 이야기하고 있습니다.

M : 저기, 내 육아휴가 말인데, 9월 10일부터 얻으면 될까?

F2 : 그렇지. 이 아이가 태어나고 나서니까 딱 좋을 지도 몰라.

F1 : 어머, 신지 씨도 휴가를 얻을 수 있어? 회사는 바쁘지 않아?

M : 네, 일은 괜찮습니다. 역시 처음에는 익숙하지 않으니까 조금이라도 도와주는 사람이 있는 편이 좋을 것 같아서요.

F2 : 나도 혼자서는 불안해서 말이지.

F1 : 그때 쯤에는 나도 도우러 올 수 있어. 아이 키우기는 내가 제일 익숙하기도 하고.

F2 : 어, 엄마 와 줄 거야? 그럼 그렇게 할까?

M : 그렇네. 어찌 됐든 처음이니까 여러 가지로 불안하기도 하고. 그렇게 해주시면 도움이 될 거예요.

F1 : 나는 2주 정도는 있을 수 있으니까 신지 씨는 그 뒤에 휴가를 얻어 집안일 등을 도와주면 되잖아?

M : 그렇네요. 그럼 휴가는 조금 뒤로 미루겠습니다. 잘 부탁드립니다.

신지 씨는 왜 휴가 시기를 바꾸었습니까?

1 어머니가 집에 있어주시기 때문에
2 사실은 회사 일이 바빠서
3 아내가 집에 돌아올 때라서
4 아내가 아기 키우기에 익숙하지 않아서